III 见识城邦

更新知识地图　拓展认知边界

讲给大家的中国历史
—03—

从列国到帝国

杨 照 - 著

中信出版集团 · 北京

图书在版编目（CIP）数据

讲给大家的中国历史．3, 从列国到帝国 / 杨照著
．-- 北京：中信出版社，2018.12（2025.8重印）
ISBN 978-7-5086-9072-8

Ⅰ．①讲… Ⅱ．①杨… Ⅲ．①中国历史－通俗读物
Ⅳ．① K209

中国版本图书馆 CIP 数据核字 (2018) 第 120592 号

本书仅限中国大陆地区发行销售

讲给大家的中国历史 03：从列国到帝国

著　　者：杨　照
出版发行：中信出版集团股份有限公司
（北京市朝阳区东三环北路 27 号嘉铭中心　邮编　100020）
承 印 者：北京通州皇家印刷厂

开　　本：880mm × 1230mm　1/32　　印　　张：12.25　　字　　数：253 千字
版　　次：2018 年 12 月第 1 版　　印　　次：2025 年 8 月第 12 次印刷
书　　号：ISBN 978-7-5086-9072-8
定　　价：48.00 元

目 录

总　序　重新认识中国历史

第一讲　春秋的时代精神

第二讲　战国的革新

第三讲　战国时期的战争变化与墨家

第五讲 重读《孟子》

第六讲 重读《荀子》

第九讲 秦始皇

第十讲 误打误撞的汉朝创建

总　　序

重新认识中国历史

01

钱穆（宾四）先生自学出身，没有学历，没有师承，很长一段时间在小学教书，然而他认真阅读并整理了古书中几乎所有春秋、战国时期相关史料，写成了《先秦诸子系年》一书。钱穆之所以写这样一本考据大书，很重要的刺激来自名噪一时的《古史辨》。钱穆认为，以顾颉刚为首的这群学者“疑古太过”，带着先入为主的有色眼光看中国古代史料，处处寻觅伪造作假的痕迹，没有平心静气尽量客观做好查考比对文献的基本功夫。功夫中的功夫、基本中的基本，是弄清楚这些被他们拿来“疑古辨伪”的材料究竟形成于什么时代。他们不愿做不能做，以至于许多推论必定流于意气、草率，于是钱穆便以一己之力从根做起，竟然达成将大部分史料精确排比到可以“编年”的成就。

很明显，《先秦诸子系年》的成就直接打击了《古史辨》的可信度。当时任职燕京大学，在中国学术界意气风发引领风骚的顾颉刚读了《先秦诸子系年》，也立刻理解了钱穆的用意，他的反应是什么？他立刻推荐钱穆到广州中山大学教书，还邀请钱穆为《燕京学报》写稿。中山大学钱穆没有去，倒是替《燕京学报》写了《刘向歆父子年谱》，钱穆说：“此文不啻特与颉刚诤议，颉刚不介意，既刊余文，又特推荐余在燕京任教。”

这是个“民国传奇”。里面牵涉那个时代学者对于知识学问的热情执着，也牵涉那个时代学者的真正风范，还牵涉那个时代学院重视学识高于重视学历的开放氛围。没有学历的钱穆在那样的环境中，单靠学问折服了潜在的论敌，得以进入当时的最高学府任教。

这个传奇还有后续。钱穆后来从燕京大学转往北大。“中国通史”是当时政府规定的大学历史系必修课，北大历史系惯常的做法，是让系里每个老师轮流排课，将自己擅长的时代或领域浓缩在几堂课中教授，用这种方式来构成“中国通史”课程。换句话说，大家理所当然地认为“中国通史”就是由古至今不同断代的中国历史接续起来，顶多再加上一些跨时代的专史。

可是，被派去教授“中国通史”课堂秦汉一段历史的钱穆，不同意这个做法。他公开对学生表达了质疑：不知道前面的老师说了什么，也不知道后面的老师要说什么，每个老师来给学生片断的知识，怎么可能让学生贯通地理解中国历史？学生被钱穆说服了，也是那个时代的精神。学生认为既然不合理就该要求改，系里也同意既然批评反对得有道理就该改。

怎么改？那就将“中国通史”整合起来，上学期由钱穆教，下学期则由系里的中古史大学者陈寅恪教。这样很好吧？问了钱穆，钱穆却说不好，而且明白表示，他希望自己一个人教，而且有把握可以自己一个人教。

这是何等狂傲的态度？本来只是个小学教员，靠顾颉刚提拔才破格到北大历史系任职的钱穆，竟然敢排挤数不清精通多少种语言、已经是中古史权威的大学者陈寅恪，自己一个人独揽教“中国通史”的工作。他凭什么？他有资格吗？

至少那个年代的北大历史系觉得钱穆有资格，依从他的意思，让他自己一个人教“中国通史”。钱穆累积了在北大教“中国通史”的经验，后来在抗战中随西南联大避居昆明时，埋首写出了经典史著《国史大纲》。

02

由《国史大纲》的内容及写法回推，我们可以明白钱穆坚持一个人教“中国通史”，以及北大历史系让他教的理由。那不是他的狂傲，而是他对于什么是“通史”提出了当时系里其他人没想到的深刻认识。

用原来的方式教的，是“简化版中国历史”，不是“中国通史”。“中国通史”的关键，当然是在“通”字，而这个“通”字显然来自太史公司马迁的“通古今之变”。司马迁的《史记》包纳了两千多年，如此漫长的时间中发生过那么多的事，对于一个史家最大的挑战，不在于如何收集两千多年来留下来的种种资料，而在于如何从庞大的资料中进行有意义的选择，从中选择什么，又放弃什么。

关键在于“有意义”。只是将所有材料排比出来，呈现的势必是偶然的混乱。许多发生过的事，不巧没有留下记录；留下记录可供后世了解的，往往琐碎零散。更重要的是，这些偶然记录下来的人与事，彼此之间有什么关联呢？如果记录是偶然的，人与人、事与事之间也没有什么关联，那为什么要知道过去发生了什么？

史家的根本职责就在于有意识地进行选择，并且排比、串联所选择的史料。最简单、最基本的串联是因果解释，从过去发生的事情中去挖掘、去探索“因为／所以”：前面有了这样的现象，以至于后来有了那样的发展；前面做了这样的决定，以至于后来有了那样的结果。排出“因为／所以”来，历史就不再是一堆混乱的现象与事件，人们阅读历史也就能够借此理解时间变化的法则，学习自然或人事因果的规律。

“通古今之变”，就是要从规模上将历史的因果解释放到最大。之所以需要像《史记》那样从文明初始写到当今现实，是因为这是人类经验的最大值，也就提供了从过往经验中寻找出意义与智慧的最大可能性。我们能从古往今来的漫长时间中找出什么贯通原则或普遍主题呢？或者通过消化漫长时间中的种种记录，我们如何回答那些只有放在历史长河里才能回答的关键问题呢？

这是司马迁最早提出的“通古今之变”理想，应该也是钱穆先生坚持一个人从头到尾教“中国通史”的根本精神价值来源。“通史”之“通”在于建立一个有意义的观点，帮助学生、读者从中国历史中看出一些特殊的贯通变化。这是众多可能观点中的一个，借由历史的叙述与分析能够尽量表达清楚，因而也必然是“一家之言”。不一样的人研究历史会看到、凸显不同的重点，提出不同的解释。如果是不同时代、不同主题就换不同人从不同观点来讲，那么追求一贯“通古今之变”的理想与精神就无处着落了。

03

这也是我明显不自量力一个人讲述、写作一部中国历史的勇气来源。我要说的，是我所见到的中国历史，从接近无穷多的历史材料中，有意识、有原则地选择出其中一部分，讲述如何认识中国历史的一个故事。我说的，只是众多中国历史可能说法中的一个，有我如此述说、如此建立“通古今之变”因果模式的道理。

一言以蔽之，这个道理是“重新认识”。通过学校教育、普遍阅读或大众传媒，一些读者对中国历史有了一些基本常识和刻板印象。我试图做的，是邀请这样的读者来“重新认识”中国历史，来检验一下你以为的中国历史和事实史料及史学研究所呈现的，有多大的差距。

在选择中国历史叙述重点时，我会优先考虑那些史料或史学研究上扎实可信，却和一般常识、刻板印象不相合甚至相违背的部分。这个立场所根据的，是过去百年来，“新史学”、西方史学诸方法被引进并运用到研究中国历史中所累积的丰富成果。但很奇怪也很不幸的是，这些精彩、有趣、突破性的历史知识与看法，却迟迟没有进入教育体系、没有进入一般人的历史常识中，以至于21世纪的大部分人对中国历史的认识，竟然还依循一百多年前流通的传统说法。“重新认识”的一个目的，就是用这些新发现、新研究成果修正、挑战、取代传统旧说法。

“重新认识”的另一个目的，是回到“为什么学历史”的态度问题上，提供不同的思考。学历史到底在学什么？是学一大堆人名、地名、年代，背诵下来用于考试时答题？这样的历史知识一来在互联网上随时都能查得到，二来和我们的现实生活有什么关联？还是学用现代想法改编的古装历史故事、历史戏剧？这样的历史，固然有现实联结，方便我们投射感情入戏，然而对于我们了解过去、体会不同时代的特殊性，有什么帮助呢？

在这套书中，我的一贯信念是学历史最重要的不是学What——历史上发生了什么，而是要探究How和Why——去了解这些事是如何发生的，为什么会发生。没有What当然无从解释How和Why，历史不可能离开事实叙述只存在理论；然而历史也不可以、不应该只停留在事实叙述上。只叙述事实，不解释如何与为什么，无论将事实说得再怎么生动，也无助于我们从历史而认识人的行为多样性以及个体或集体行为逻辑。

借由述说漫长的中国历史，借由同时探究历史中的如何与为什么，我希望一方面能帮助读者梳理、思考当下的文明、社会是如何形成的，一方面能让读者确切感受到中国文明内在的多元样貌。在时间之流里，中国绝对不是单一不变的，中国人、中国社会、中国文明曾经有过太多不一样的面貌。这些历史上曾经存在的种种面貌，加起来才是中国。在没有如实认识中国历史的丰富变化之前，先别将任何关于中国的看法及说法视为理所当然。

04

这是一套一边说中国历史，一边解释历史知识如何可能的书。我的用心是希望读者不要只是被动地接受这些信息，将其当作斩钉截铁的事实，而是能够在阅读中去好奇、去思考：我们怎么能知道过去发生了什么，又如何去评断该相信什么、怀疑什么？历史知识的来历常常和历史本身同样曲折复杂，甚至更加曲折复杂。

这套书一共分成 13 册，能够成书的最主要原因是台湾“敏隆讲堂”和“趋势讲堂”让我两度完整地讲授中国通史课程，每一次课程前后横跨五个年头。换句话说，从 2007 年第一讲算起，我花了超过十年的时间。在十年备课及授课过程中，我的大部分时间都用于消化关于中国历史的研究的各种论文及专著，并努力吸收这些研究的发现与论点，尽量有机地编组进我的历史叙述与讨论中。明白地说，我将自己的角色设定为一个勤劳、忠实、不轻信不妥协的二手研究整合者，而不是进入原始材料提出独特成果的人。只有放弃自己的原创研究冲动，虚心地站在前辈及同辈学者的庞大学术基础上，才有可能处理中国通史题材，才能找出一点点“通”的心得。

这套书有将近两百万字的篇幅，时间范围涵盖从新石器时代到辛亥革命。这样一套书，一定不可避免地夹杂了许多错误。我只能期望能够将单纯知识事实上的“硬伤”降到最低，至于论理与解释带有疑义的部分就当作“抛砖引玉”，请专家读者不吝提出指正意见，得以将中国历史的认识推到更广且更深的境界。

第 一 讲

春秋的时代精神

01

我们能够掌握的，只是很微小的“历史”

什么是历史？历史最简单的定义就是“人类过去经验的总和”。只要是人类曾经创造与经历过的一切，加在一起就是历史。

不过我们无法依照这样简单、宽泛的定义来了解历史，这样的历史内容无所不包，光是前一天所有人类做过、经历过的事都无法化为可吸收的信息和知识，遑论上万年的时光。因而我们实际知道的历史，能被我们掌握与运用的历史知识，都是经过简化的，而且是高度简化的。我们从这庞大无比的广义历史中，挑选出一部分，很小的一部分。

虽然现实里的历史知识不可能如此庞大，我们还是不能放弃宽泛、全面的历史定义，因为我们谁都无法先建立一个确定的条件或程序，将人类经验中的某些部分排除在历史范围以外。人吃饭睡觉，是不是历史？大家齐聚上一堂课，是不是历史？街上一个小孩看到一个冰激凌招牌，是不是历史？都是历史。虽然我们可以预见，这些事有极大的概率过去就过去了，不会留下任何痕迹，彻底消失，彻底被遗忘，但是，其中总存在着亿万分之一的可能性被保留下来。那个过去从没吃过冰激凌的孩子，第一次知道有冰激凌这种东西，之后爱上了冰激凌，长大后发明出一种不需要冷冻，自身便有降温功能的冰激凌，从而改变了制造冰激凌的方式。那是历史性的成就，因而，他看见冰激凌招牌这件事，也就被写进了历史。

因为概念意义上的历史与现实的历史知识中间存在着那么大的范围落差，于是在历史知识形成过程中，最关键的步骤，就是选择。大范围的历史中，99.9999999999%都被淘汰、遗忘了，只有那 0.0000000001%，以各种不同的形式被记录存留下来。

这百亿分之一的部分，成为可记录或有记录的历史。一旦成为记录，被记录下来，这样的历史就必然带有双重性，没有那么简单。

一方面，不管用什么方式记录，记录不会和事件本身完全一样。对于一场战役的文字描述，不可能完整保留、复原那场战役。一栋房屋的详细图像，不可能等于那栋房屋。我们只能通过不完整的、高度简化过的记录去无限趋近还原一场战役、一栋房屋。

另一方面，历史记录与历史本身往往有时间差。我们能看到、能运用的历史材料，几乎都带着双重时间。一重是事件本身的时间，一重是写下、画下记录的时间。你 30 岁的时候，回忆 5 岁时和妈妈去逛动物园，那里面除了要记录的 5 岁这一时间，一定还有 30 岁的时间叠在上面。司马迁在汉武帝时记录项羽、刘邦之争，历史事件的时间是公元前 205 年前后，但在这之上，必然叠着司马迁活着的那个时间，公元前 100 年左右的时间。

可记录、有记录的历史，相对于全部的历史，已经很小了，但用来当作我们的历史知识，却又还太庞大。于是我们还得从中间再进行选择，运用一个最基本、最普遍的原则——重要性原则，将重要的选出来、留下来，拿掉、遗忘掉不重要的。这还没有完，筛选出重要的，我们还要让留下来的这些重要信息排成一排，构建出一个有意义的秩序，一个知识系统，那才是大家所习惯、熟悉的历史知识。

最后我们掌握的，其实只是那样一小块有条理、有秩序的历史说法。这是一般常识里的历史，是我们闲话聊天时自信满满宣称的“历史上如何如何”。从原理上，我必须提醒大家，那样的历史经过了多少简化！和最原始的“人类过去经验的总和”相比，我们自己想的、说的历史，何其渺小，何其简化！

02

对历史的多重理解

这也就是我们要重读历史的根本原因。历史是过去的事，过去就过去了，不可能改变，照理说应该就是固定的，不是吗？广义的历史，“人类过去经验的总和”是固定不变的，但经过层层简化后，我们所知道、所运用的历史，却会改变，而且不能不变。

不同的时代，会用不同的方式、不同的角度进行选择。也就是说，面对庞大的历史材料，重要或不重要的标准，会随着时代而改变。标准变了，选择的简化方式不一样，建立起的历史说法、历史系统当然也就不一样了。

历史知识不等于历史事实。一方面，历史知识小于历史事实，另一方面历史知识又大于历史事实。没有人能还原历史事实的全貌，历史知识必定是从历史事实中选择出的一小部分，小于历史事实。但历史知识在历史事实之上，加了明说或隐含的解释，说明为什么这件事是重要的，这件事怎么来的，这件事有什么意义，这些不在历史事实里，是多加上去的，所以又是大于历史事实的。

公元前 221 年，秦统一六国，这是个明确的历史事实。但历史知识不会停留于陈述这样一个事实。我们会好奇，会问：秦为何能统一六国？秦以什么样的方式统一了六国？换句话说，历史知识中不会只有 What（什么），必然还要有 Why（为什么）和 How（如何）。

问为什么和如何，就不会有一致、相同的答案了。秦统一六国这样一件事绝不可能只有单一的原因，一定有漫长而复杂的过程。如何整理、描述这过程，如何决定诸多变量中哪个或哪几个最重要，那就是选择，所以也就存在着各种选择的可能性。

有人会说秦统一六国，是因为法家，因为依照法家的信念，秦国追求富国强兵。有人认为长期战争使得原本的封建秩序彻底瓦解，人民渴望有新的秩序，厌恶制造战乱的诸国系统，这样的环境大大有助于秦统一六国。还有人会提醒用法国年鉴学派更长更远的眼光去看，看到秦僻处西陲这一特殊地理位置，及其风土因素所带来的影响。

没有单一答案可以解释秦的兴起以及统一六国。任何单一的答案都不是正确的答案。要理解历史，我们就必须在众多因素中去进行选择组合，判断因果联系。决定秦统一六国的因素，可能有一百万个。我们不能自己创造或捏造出第一百万零一个（例如主张是秦得到火星人暗地里协助所以功力大增），这是基本规范。

但我们不可能将所有一百万个因素作为历史知识，顶多只能从这一百万个因素之中选择出四五个来，建构成 manageable historical knowledge（可控的历史知识），也就是一般人能够处理得来的历史知识。

一百万中选出四五个来，可以想见，不一样的人会有不一样的选法。而且他的选择必定会受到他所处的时代、他的经验经历、他关切在意的等因素影响。为什么要重读历史？因我们原先读的历史，是在特定的时代、特定的价值体系中形成的。在不同时代，换用不同的价值体系标准，历史会呈现不同的面貌，呈现出一些新鲜、有趣的现象与观点来。

03

大陆、台湾和海外不同的历史视野

过去几十年，中国历史研究领域发生了极大的变化。1949 年中华人民共和国成立后，中国确立了一套左派历史观念，以唯物史观为指导原则。这套史观强调经济基础决定上层建筑，生产力与生产关系的互动，强调要站在人民群众的立场上，站在农民的立场上。相对来说，朝廷、少数英雄人物、文人“臭老九”都是供批判的对象。这样的史学态度，和中国传统史学完全不同，换了相反的眼光，必然就看到许多传统历史不看、看不到的新东西。

传统历史中遇到了饥荒，史书上的记录写法就是“乱”，简单的说什么地方“乱”，稍微严重、复杂一点的多记一点什么人领导“乱”，后来如何“平乱”。1949 年之后的史学，将这些事件都改称为农民起义。“乱”是从朝廷的角度看的，关注的是既有的秩序被打破了，所以历史要记录的是后来秩序如何得以恢复；“起义”却是假定这些人参与创造了一个正确的新秩序，于是历史说的是，他们的行为没有持续和长远的结果，这样的遗憾如何形成等。

将这些人当作“乱”，我们不会认真地认识他们是谁，为何而“乱”。例如我们以前读明史，读到倭寇，我们关心的是戚继光用什么方式“平乱”。我们说了很多戚继光的事情，对于戚继光留下了很深的印象，但倭寇呢？他们是些什么人，从哪里来的，为什么以及如何骚扰中国沿海地带？这些我们不会去看，也不觉得需要了解。农民起义则将历史的视角放到那些农民身上，即便留下来的史料极其稀少，几十年间，还是挖掘出了许多关于历代中国农民的细致入微的图像。

中国大陆历史学界一度热烈讨论中国资本主义萌芽问题，这也是科学唯物史观产生的特殊历史视角。依照科学唯物史观，人类历史的进程，通过马克思的科学研究，证明了是有固定进程、固定阶段的。先是原始共产主义时期，然后进入封建主义时期，再进入资本主义时期，最后才产生了社会主义或共产主义革命。中国有了共产主义革命，毫无疑问。中国历史有漫长的封建主义阶段，这也确立为共识了。但从封建主义到共产主义中间的资本主义阶段在哪里？

以各种标准来衡量，实际上都很难主张在共产革命之前，中国已经进入了资本主义阶段，可是按照科学规律，中国不能没有经过资本主义就进入共产主义。在这样的困扰中，产生了资本主义萌芽期的说法，主张中国有资本主义，只是没有充分发展，停留在萌芽阶段，虽然只有萌芽，但资本主义的邪恶已经发挥了刺激历史再往前进入社会主义或共产主义的作用。

先规定中国历史上一定要有资本主义阶段，再去史料中找证据，这种做法当然是荒谬的。现在也没有人再有兴趣谈资本主义萌芽阶段了。然而我们不能否认，因为资本主义萌芽问题的讨论热潮，有很多过去长期被忽略的历史现象，得以进入历史研究者的视野中，像是近几百年社会中的商业活动、商人的地位与角色、货物流通形式、都会贸易组织，乃至越来越活跃和复杂的金融体系，等等。突然之间，我们看到了很不一样的宋朝、元朝和明朝。

这些东西不是唯物主义史学家捏造出来的，它们一直存在于庞大的近世社会史料里，但过去从来不被认为有什么重要性。唯物主义史学家所做的，是拿放大镜去看这些史料，把它们发掘出来，让大家都能看到。

除了中国大陆之外，这半个世纪又出现了研究中国历史的新中心。除了台湾地区以外，还有海外华人学者形成的特殊学术传统。这些人在近代中国动乱的情况下，经历了大流徙，到了美国、加拿大、英国和法国。他们一方面怀抱着强烈的家国之思，另一方面，他们身上最特别、最有用的能力，就是对于中国文字、中国历史和中国文化的深度认识。进到西方学术界，他们之中只有极少数人以研究西方历史或文化为专业，大部分当然还是充分利用自己的优势，研究中国历史与中国文化。

在这些地方，尤其是美国，他们得到了学术发展的特殊机会。从这个角度来说，我们真的不能不佩服、不能不肯定美国学术界的开放态度。美国人整体来看不是很有国际观，不是很在意美国以外的地方发生的事，然而美国的学术界，却将触角张得再开不过，世界上任何边缘、冷门、偏僻的学问，在美国几乎都能找到专家。对于死海古卷内容研究得最深入的专家，在美国；对于清代山西农民反朝廷运动研究最深入的专家，也在美国。

留在美国、加拿大或英国专攻中国史的这群学者，无可避免一定受到西方史学的冲击和影响。他们用西方的社会科学理论，用西方的史学方法来解读中国传统史料，在比较的视角下，就看出了很不一样的景致。

04

为什么春秋时代有那么多自杀的故事？

法国社会学家迪尔克姆（又译为涂尔干、迪尔凯姆）在1897年出版了一部重要的著作，标题简单到只有一个单词——Le Suicide，直译就是“自杀”，现在通行的译名是“论自杀”。这是西方社会学的重要奠基之作。自杀看起来是一个极端自我的决定，不顾任何其他人，断绝了所有自我以外的考虑，终结自己的生命。然而迪尔克姆却用清楚的资料、明晰的论理显示，自杀有其社会因素。社会中的集体控制越强，像天主教国家，人相对而言不会自杀；相对地，像基督新教那样强调个人责任，集体组织没有那么严密的社会，自杀现象就比较多、比较普遍。原来，连自杀都是“社会现象”，或说，连自杀都有社会学式的解释！

将迪尔克姆的研究放在心上，检验中国史料，我们就会发现过去视之为平常的一些情况，恐怕值得我们做更细心的探究。为什么春秋时代留下了那么多自杀的故事？那个时代不只是有那么多人自杀，而且他们都是以我们今天很难理解的理由自杀的！

这就是一种重读历史的角度，和一般四平八稳、被许多人接受，并反复传抄的中国历史角度很不一样。大家已经熟悉的中国历史，实在不需要我再多加重复，我希望在书中能提供的，是在这些既有的基础上，多加一点不一样的看法，尝试探求出一些不一样的意义。不需要再给很多年代、人名给大家去记忆，而是将注意力放在探究历史如何发生以及为何发生上。

过去学习中国历史的方式，习惯强调中国的同一性，也就是依循着一种求同而不求异的原则来看历史。比喻来说，如果历史的总体是一大池子的小球，我们过去的方式是一开始就认定了，橘色的球才是重要的，我们要做的事就是将橘色的球给拣出来。于是你眼中看的，都是橘色的球，根本不会注意到那一大池子里，除了橘色之外，还有哪些其他颜色的小球。

过去中国历史知识的建构法，通常就是如此。看到了相似的现象就选进来，编组进历史的叙述里，相异的就放在外面不管它。在这套书里，我也会试着逆转这种态度，改用“求异”的眼光找出过去几百年被忽视的现象，突显出来让大家看到：这也是中国历史的一部分。加上了这样的部分，我们原先对中国历史的认识，不得不有所调整。

05

春秋时代为什么叫"春秋"？

传统中国历史叙述将东周分成两个时期，前段是春秋，后段是战国。战国时代很好理解，那是很直接的描述，那个时代最大的特色，就是几个仅存的封建大国无止息地彼此争战。与敌对的国竞争，持续的战争，是之谓战国。

日本史上也有战国时期。从1467年到1603年，近一个半世纪政局纷乱，群雄并起，各拥武力互相争战，一直到德川家康统一局面，才终结了仿佛没完没了的战争局面。但日本史却绝对不会有春秋时期。因为春秋的命名来源，和战国大不相同。

作为时代名称的春秋是怎么来的？它来自一本书的名字，那本书是《春秋》，或称《鲁春秋》。鲁是封建古国，明确继承了周人特殊的历史精神，强调历史记录的重要性，是历史记录最完整的国。《鲁春秋》留下记录的两百多年时间，就被称为“春秋”。

《春秋》的书名来自书中固定的记录方式，先标示哪一年，然后说什么季节和哪个月。例如“春正月”、“夏六月”、“秋八月”或“冬十月”，因为每一条都有春夏秋冬，就从中简称为《春秋》。《春秋》是目前留下来最早的一部编年体史书，其中每一年记录的条目不多，当然是特别选择过的，于是我们可以安心地假定，能够被写进《春秋》的，应该就是当时人认为重要的大事。

哪些是大事呢？《左传·成公十三年》中说：“国之大事，在祀与戎。”对照《春秋》，“祀”记录的相对没那么多，但“戎”就几乎无所不在了。封建宗法的没落，一方面反映在原本重要的仪式逐渐变得“行礼如仪”，礼不被当作一回事儿，甚至不时被忽略遗忘了，另一方面也反映在国与国之间的战事越来越频繁。另外《春秋》中经常出现的记录，是关于继承的。周人原本建立了严密的宗法世系，亲族关系规定清楚而严格，上一代死了下一代该谁继承、如何继承，都在宗法世系中制定好了，但到了这个时候，一个国君或世卿死了，常常引发继承上的纷争，显示既有的宗法规定越来越控制不住局面了。

通过《春秋》，我们能够了解这些时代大事，不过《春秋》行文简略，无法细腻地展现当时人们面对大事时，抱持着什么样的态度，有怎样的想法与感受。还好，《春秋》本文之外，还有“三传”——公羊、穀梁、左氏所书——流传了下来。《公羊传》《穀梁传》基本上是解释《春秋》字义的，最特别的是《左传》，采取的形式是“以事解经”，也就是记录了事件中的人物、经过，甚至对话，补充了《春秋》的简要内容。

以《左传》搭配《春秋》，再将前面提到的迪尔克姆《论自杀》放在心上，我们会看见特殊的现象——春秋时期留下了那么多自杀及与自杀相关的记录。

其中一个是本系列第二册《文明的基因》中提过的子路之死。卫国大乱，孔子的一个弟子柴高从卫国仓皇逃出来，遇见了走相反方向要进入卫国的子路。柴高想阻止子路，告诉他卫国大事不可为，子路没听，他想的是自己作为卫国公子孔悝的家臣，知道孔悝遇有危险，不能不进去营救。

在卫国国都的城门口，子路又遇到了守门的公孙敢，公孙敢也劝子路别进城。子路的反应是："现在这是谁在跟我说话啊？是我认识的那个公孙敢吗？你不是身上也有职务与责任吗？现在却为了自身的利益就逃避了。我子路不是这样的人，我领人家的俸禄，就该去帮人家解决患难。"公孙敢仍然不放子路进城，但城内有使者要出城，子路就趁机闯进去了。

进去之后，子路直接去挑战挟持了孔悝的蒯聩，蒯聩被激怒了，派两个力士石乞和盂黶将子路杀了。子路临死前还故意将自己打斗中断开了的帽带系好，讽刺蒯聩不知礼，蒯聩气得下令将子路剁成肉酱。

看完这个故事，请思考一个简单的问题：换作你，你会做和子路一样的选择吗？进一步想：在周围你认识的人里，有哪一个会做和子路一样的选择？子路不是十几二十岁血气方刚的年轻人，而是一个 60 多岁的老人，却以这种方式结束了自己的性命。

宋代儒者叶水心评论子路之死就感慨地主张：在那个时代，因为尚未受到佛老思想的感染，人的生命有一种特殊的元气。我们先不追究是不是佛老思想影响改变了这份元气，但事实是，子路身上的确有些和我们一般生活经验很不一样的特质。柴高劝子路回头，公孙敢不愿放子路进城，乃至孔子听说了柴高阻止不了子路的事，痛苦地预言“这回子路死定了！”，都清楚显示子路是在知其必死的情况下做了这样的抉择，换句话说，虽然最后死于两个力士之手，子路实质上是自杀的。只要多有一点求生的意念，他就大可以不进城，大可以不用那种方式挑衅蒯聩，大可以不死。子路之死，死于他坚持将作为家臣的责任看得比生命还重要。

06

春秋“赵氏孤儿”的故事说明什么？

春秋时期还有一个有名的“程婴杵臼”的故事。晋国世卿间内讧，屠岸贾攻打赵家，要灭赵家全族，一连杀了赵朔、赵同、赵括和赵婴齐。赵朔的夫人是晋成公的姐姐，当时怀孕了，幸运地逃过一劫。当时赵家的一个家臣叫公孙杵臼的，遇到了另一个家臣程婴，就直接问他：“你怎么不死？”意思是，主人家遇此大难，家臣理应要共同赴难的。

程婴回答：“我不是不死，只是还没死。因为赵朔留有遗腹子，生下来如果是男的，就表示赵家仍然有后，我会负责照顾保护这个孩子。万一生的是女孩，那我就立即去死。”赵朔的遗腹子生下来是个男孩，为赵家留了后。但不幸消息走漏，被屠岸贾知道了，屠岸贾便在境内大搜，险些在赵朔夫人那里搜到这个婴孩。赵朔夫人将婴孩藏在身上，心中暗自对孩子说：“如果注定赵家要绝后，这时候你就哭吧！”孩子竟然一声未发，逃过一劫。

为了救“赵氏孤儿”，程婴去找公孙杵臼商量。公孙杵臼问了一个简单的问题：“抚养赵氏孤儿长大比较难，还是去死比较难？”程婴说：“抚养孤儿比较难。”杵臼就说了一段有名的话：“我们分头承担吧！简单的我来做，难的就交付给你了。”于是他在民间找了一个倒霉的小孩，带着小孩故意在别人面前骂程婴，说程婴不负责任，不敢救“赵氏孤儿”，让大家以为“赵氏孤儿”在他这里。于是屠岸贾找到了公孙杵臼，将他和冒牌的“赵氏孤儿”杀了。他以这种方式为程婴争取到了可以偷偷养大真正的“赵氏孤儿”的机会。

赵氏有后，因而得以重拾原来的势力，最终复仇诛灭了屠岸贾。“赵氏孤儿”赵武长大了，仇也报了，程婴就去和赵武告别。赵武啼泣顿首哀求：“你是我的大恩人，我愿意一辈子服侍你，为什么你现在要抛下我去死呢？”程婴回答说：“我不能不去啊，当时公孙杵臼相信我一定做得到这件事，所以他先去死了。如果我继续活着，他会以为我办事不力，到现在还没有成功呢！”不顾赵武的哀求，程婴真的就自杀了。

“赵氏孤儿”后来成了中国戏剧中很重要也很受欢迎的剧目，根本原因在于其中惊人、超越世俗常情的戏剧性。不只是程婴、杵臼这两个人视死如归的态度，而且在他们眼中竟然连死都还是相对比较容易的，他们的“忠”，他们看重自己的职务责任到这样不可思议的程度。

这又是一个自杀的故事，而且是两个人一前一后，用了不同方式自杀的感人故事。

07

《左传》中的两个离奇故事

《左传·僖公九年》记载了发生在晋国的事。公子重耳，就是后来的晋文公流亡在外，和国内的几个大夫一直有联系，这些大夫密谋在晋献公死后，就把文公迎回来即位。晋献公立了奚齐为太子，找了荀息来辅佐奚齐。献公临终前问荀息："我立奚齐为太子，国内很多人反对，你会怎么做？"荀息回答："臣竭其股肱之力，加之以忠贞，其济，君之灵也，不济，则以死继之。"意思是我会尽全力辅佐，以彻底的忠贞对待他，如果成功了，那是您的灵魂保佑，如果失败了，我就赴死去追随您。

晋献公进一步问："那什么是忠贞？"这"忠贞"二字怎么理解呢？荀息的回答是："公家之利，知无不为，忠也；送往事居，耦俱无猜，贞也。"只要知道、认定对晋、对公子奚齐有利的，没有什么不做的，这是“忠”；在处理任何事情，即便是生活琐事，都光明坦荡，没有任何可以让人猜疑的，这是“贞”。

晋献公死后，果然有乱。支持文公的人故意唆使“三公子之徒”（献公其他儿子的势力），作乱反对奚齐，大将里克要出手杀奚齐，先来找荀息。荀息说：“你们若是杀了奚齐，我也就跟着死。”里克劝他：“这样是白白地死，没有用，也没有意义。”荀息回应：“我之前答应过先君的，难道一个人可以为了爱惜生命而说话不算数吗？”

里克毕竟还是害死了奚齐，荀息本来就要自杀了，另有人去劝他：如果你真的看重对献公的承诺，应该想办法立另外一位公子，来对抗里克。荀息找了献公的另一个儿子立为国君，但还是抵挡不了里克，这位公子也被里克杀了，于是荀息也就跟着自杀了。

这故事的关键在荀息回应里克的这句话：“吾与先君言矣，不可以贰。能欲复言，而爱身乎？虽无益也。”他明明知道自己死了完全无益于改变局势，然而信守对“先君”所说的话，比生命还更重要！

《左传·僖公二十三年》还有另一个故事。晋惠公去世，晋怀公即位，这时晋国政治最大的变数，仍然是长期流亡在外的公子重耳，也就是后来的晋文公。晋怀公对重耳的威胁感到不安，即位后就下令，不准国内的人追随重耳。晋的一位大夫狐突，有两个儿子随着重耳流亡在秦。令下之后，狐突却迟迟不肯把自己的儿子叫回来，怀公愤而把狐突抓起来，强迫狐突把儿子叫回来，不然就要杀他。

狐突对怀公说：我这两个儿子，今天有资格在晋国当大夫，那是因为我教他们什么是“忠”。如果现在把他们叫回来，是要他们违背“忠”，要他们有二心，不忠、有二心的大夫，还有什么资格服侍国君呢？我希望国君能看得清楚，不要随便滥刑滥杀，但如果你不懂这样的道理，也就无所谓了。

于是狐突真的为了坚持原则而被怀公杀了。

08

《左传》中的另外两个离奇故事

《左传·宣公二年》中记录，晋灵公在位“不君”，做了很多没有国君模样的事，国中的世卿赵盾就很不客气地直言劝谏他。晋灵公火大了，派了鉏麑去暗杀赵盾。鉏麑趁凌晨去伏袭赵盾，结果发现赵盾家中内房的门早早已经开了，表示里面的人起床了。再看，赵盾穿好了正式的服装，庄重地等着上朝，因为时间太早了，所以就坐着打起瞌睡来。

鉏麑大为感动，这个人如此恭敬对待自己的职务，是“民之主也”。鉏麑陷入了矛盾：“贼民之主，不忠，弃君之命，不信。”杀这样可以领导人民的好人，是对国家不忠；但受命来执行暗杀却没做，又是对国君不守信。怎么办呢？要么不忠，要么不信，别无其他选择，鉏麑干脆就自杀了，而且死得很快、死得很容易——

"触槐而死"，直接撞树就死了。

《左传·定公十四年》也有一个故事。晋国的梁婴父（叫"父"，应该是个地位很高的老先生），去跟国中的一个势力强大的世卿知文子说："你要小心董安于，这家伙是赵氏最重要的家臣，最好趁现在赶紧把他杀了。如果让董安于一直辅佐协助赵氏，赵氏终究会掌握晋国的国政，对你太不利了。"

听从梁婴父的劝告，知文子就要诈，跟赵孟说："上次范氏和中行氏两家结盟作乱，其实背后就是董安于指使的。晋国的规矩，主谋作乱的，必须被处死，现在范氏、中行氏都已经因作乱被惩罚了，董安于却还逍遥在外。"赵孟因这件事很困扰，就找了董安于来。董安于的反应很简单、很直接，他说："如果我死了，晋国就会平静，赵氏也就安定，那我活着干吗？没有人不死的，活着没那么重要。"于是就上吊自杀了。赵孟将他的尸体公开，给知氏一个交代，知氏就靠过来和赵氏联盟，果然使得晋国和赵氏有了一时的安稳。

再一个，《左传·哀公五年》，晋世卿范昭子有两个家臣，一个叫王生的，对另一个叫张柳朔的很看不顺眼。有一次王生跑去建议范昭子，重用张柳朔去掌管"柏人"这个地方。范昭子很惊讶："你和张柳朔不是不对头吗？"王生回答："那是私怨，私怨不可以影响到公家的事，从公家利益的角度看，张柳朔最适合去管柏人。"

接下了这个任务，张柳朔就对儿子说："你认真好好服侍主人，主人将柏人交给我，我会以性命为代价尽量做好。"后来范氏和晋国君起了冲突，晋出兵攻打柏人，张柳朔果然就死在柏人。

09

《左传》中的太子和国君故事

人可以这样视死如归，人可以这样轻视自己的生命。上面引述的，大多是家臣身份的人。不只他们如此，身份地位比他们高的，同样没把活着看得那么重要。

《左传·僖公四年》记录了骊姬如何陷害晋国太子申生的故事。骊姬是晋献公的宠妾，一心一意想要让自己生的儿子成为太子，于是申生就成了她的眼中钉，欲除之而后快。她声称自己梦见了先祖，请求申生代为前往祭祀，祭祀结束后，将祭仪中拜过的肉带回来，献给晋献公。骊姬就在那块肉上下了剧毒，毒到什么程度呢？《左传》上说："祭之地，地坟；与犬，犬毙；与小臣，小臣亦毙。"放在地上祭地，地会隆起；给狗吃，狗立即暴毙；给旁边服侍的小臣吃，小臣也马上死了。看到这种状况，骊姬就装作无辜，害怕地哭诉："这肉是太子给的啊！"献公当然大怒，申生不必当太子了。申生仓皇地跑到自己的封地新城，献公迁怒，就将申生的老师杀了。

有人跟申生说："你应该去跟父亲解释这中间发生了什么事，揭露骊姬的阴险诡计！"申生却说："如果没有骊姬在身旁，父亲睡也睡不好，吃也吃不下，父亲已经那么老了，我不忍心让他睡不好、吃不下。"另外有人劝他："那你就逃得远一点，离开晋国逃亡吧！"申生无奈回应："我背负着狠心要毒杀父亲的罪名，能逃到哪里去，谁愿意收留我呢？"

于是，没有别的办法，申生就在新城自杀了。他甚至没有尝试要去跟父亲辩解这中间发生的事，指出不合理之处，而是选择结束自己的生命。

另外还有卫国公子的故事。《左传·桓公十六年》记录：卫宣公和夷姜生了公子急子，急子长大后，宣公安排他娶宣姜，但宣姜长得太美，宣公一看动心了，就将本来要当儿媳妇的宣姜夺了过来，另外生了寿子和朔子两个公子。

夷姜后来自杀死了，受宠的宣姜想让自己生的儿子当太子，于是阴谋除去急子。宣姜说动了宣公，把急子派去出使齐国，然后偷偷派人埋伏在路上，假装是盗贼要暗杀急子。

这桩黑暗阴谋被寿子知道了，就赶紧去通报急子，叫急子不要去齐国。但急子没听他的劝告，理由是："如果不遵从父亲派我去齐国的命令，我还算个儿子吗？这样的人，只要是有人当父亲的国都不可能收留，我能去哪里？"

寿子只好想别的方法，故意在饯行宴上将急子灌醉了，趁机带着急子的旗子出发，路上埋伏的人以为他就是急子，便将寿子杀了，寿子代急子而死。但故事还没完。急子酒醒了，意识到寿子的用意，急忙赶去，但已经来不及挽救寿子的生命了，不过他仍然对刺客说："你们杀错人了，应该死的是我。"于是刺客把他也杀了，回去复命。

这两个人，都是卫国的公子，地位那么高，却一个为了不违逆父亲，一个为了解救同父异母的哥哥，实质上都选择了牺牲自己的生命。

这还没完，甚至还有国君的故事。《左传·文公十三年》记录，邾文公在位，要将国都迁到绎，找了卜人来卜问吉凶。卜出来的结果是"利于民而不利于君"，对人民有好处，但对国君不好。邾文公就说："只要对人民有好处，就是对我有好处。上天为了人民才树立君主，国君就是为了给人民带来好处而存在的。"

左右的人担心邾文公不理解卜中显示的"不利"，跟他明说：这"不利"指的是会使你短命的。邾文公还是说："命本来就有长有短，只要对人民有好处，那么迁都就是再吉利不过的事了。"于是，真的就迁都到绎，五个月后，邾文公病死了。

《左传》里给邾文公的评语是"知命"，他的短命基本上也是自我选择的，对他来说，人民的福祉比自己继续活着还要重要，虽然病死，也等于是自杀了。

再一个是楚昭王。《左传·哀公六年》记录，楚昭王出兵救陈，到了城父，"卜战，不吉"，看来打不赢，但"卜退，不吉"——

糟了，连要退兵也不容易。楚昭王说：“那不就死定了吗？如果退也死，战也死，那我宁可保持对陈国的盟约而死。”于是他要公子申接任国君，申不肯；接着叫公子结，结也不肯；再叫公子启，启当然也不肯，公子启拒绝了五次，才勉强答应接任国君。

然后楚昭王继续出兵救陈，死在城父这场战役中。《左传》在后面说明了楚昭王这件事的背景。“是岁也，有云如众赤鸟，夹日以飞，三日。”那一年天空出现了异象，红色的云像赤鸟一样围着太阳连续飞了三天。去问专家“周大史”，得到的解释是这代表了有灾难要发生。红云绕着太阳，显示灾难会发生在国君身上。不过如果行特别的仪式，可以将灾难移到令尹或司马的身上。

得知此消息，楚昭王说：“这样的做法，岂不就像将腹心之疾移到股肱上去吗？还是病，而且对国家有同样的伤害。”楚昭王认定自己没有犯什么大错，不应该受到天的处罚，若是天一定要罚他，也就不会让他将这份处罚移给别人，所以就拒绝了行仪式的建议。

后来，楚昭王果然病了，有卜者又说：这是黄河在作祟，应该去祭黄河。楚昭王也拒绝了。他说：“我们在南方，打交道的是我们自己的河川，怎么会扯到远方的黄河去呢？我不可能得罪黄河。”就这样，他拒绝了人家给的避祸建议，终致死于城父。

一个国君，竟也如此固执，心中有强烈定见，不受生死关头冲击影响。

10

从先秦典籍看先秦的死亡观念

在《礼记·檀弓篇》中有关于曾子死前的记录。曾子病得很重很重了，病榻前有他的弟子乐正子春，还有儿孙曾元和曾申。这时候一个童子举着蜡烛进房里，蜡烛一照，看到了曾子睡的铺席，不自觉地惊讶说："这不是大夫的垫褥吗？"乐正子春立即制止了童子，但来不及了，曾子听见了。

曾子把童子叫过去，要他再说一次。听清楚了童子说的，曾子一看，果然自己睡的地方，铺上了季孙氏送给他的垫褥，那是他平常不会用的，因为不符合身份。曾子就说："赶快把我抬起来，我不能睡这个，我不是大夫，不能用大夫的垫褥。"

他病得很重了，甚至都无法自己起身，曾元就劝他，别急着换，到天亮了再换。曾子很生气，骂曾元："你对我的爱，还比不上这个小童仆。他看到我睡在不对的垫褥上感到惊讶，你却不在乎。现在，我就是要换垫褥，别无所求！”曾元他们只好听从，结果垫褥还没换好，曾子就断气了。

这段故事出现在《礼记》中，传统上我们看到的、强调的，当然就是曾子对礼的看重与尊崇。曾子坚持，没有大夫身份，不管这垫褥怎么来的，就是不能躺在给大夫用的垫褥上。

不过，将这个故事和前面举的例子摆在一起，我们会看到另外一层意义。曾子应该也知道，如果换垫褥，自己恐怕就连这一夜都过不去了，然而对他来说，在这件事上守礼，比自己到底还能多活几天更重要。就算会死，他都坚持要换，以求心安。

这些人很明显和我们现代人不一样。他们和我们现代价值观的差距，正突显了春秋这个时代的特色，提供了我们理解这个时代的关键。对这些人来说，生命没那么重要，活着没那么重要。或者应该说，活着、继续活下去这件事，在我们现代人的考量中，排名很靠前，几乎在最前面，是最重要的事，少有什么可以比活下去还重要。那个时代的人不一样，他们考虑、选择的生命情调、生命架构不一样。在自我理解与决定上，对他们来说，有许多比活着更重要的事。

用我们的标准看，春秋时代的人，死得好轻率。“伍子胥过昭关”是传统戏曲中的重要戏码，有许多改编版本。民国时期一度流行对传统戏曲进行批判，“伍子胥过昭关”的一个版本就被特别拿出来痛批，展现了传统戏曲的不合理。戏中有一段，伍子胥逃亡路上，遇到了好几个人的协助，每次得到了协助，伍子胥千谢万谢，最后都会出于担心，特别跟协助他的人拜托：万一有追兵来，请不要泄露他的行踪方向。而每一次，被他这样拜托的人，都刚烈地自杀了，人死都死了，就百分之百不会出卖、泄密了吧？

不合理之处在于：伍子胥都学不到教训吗？拜托一声就害死一个人，遇到下一个人，却还是同样拜托？还有，更不合理的是，这些人怎么可能光是为了要让逃亡的伍子胥安心，就轻易结束自己的生命？

戏曲为了创造特殊的戏剧性效果，而有此安排。但从另一个角度看，将这样的情节放入属于春秋时代的伍子胥故事，却也是夸大地掌握并呈现了那个时代的特殊面貌。那个时代的人，以我们的标准看，死得如此轻率。

申生怎么死了？他的衡量是自己活着而使得父亲无法得到有骊姬在身边的安慰，不值得，不应该，所以他就死了。鉏麑怎么死了？他的衡量是活着要么必须违背原则杀一个尽职的好大夫，要么必须违背国君的命令，做不到承诺国君要做到的，所以他就死了。

这不叫轻生，而是显示了那个时代的人，拥有我们现代失去的一股力量——信念的力量。那个时代的人视死亡为贯彻某种信念、某种更高原则时所必须付出的代价，而且是很自然的代价，所以邾文公的事，《左传》中特别引用“君子”的评论，评其“知命”。

《左传》中的“君子曰”不那么常见，都是针对当时人认为格外重要、格外有代表性的事件才会用这种方式发议论。显然，在我们今天看不过去的邾文公的故事，《左传》作者特别加以肯定。肯定他没有将自己的生死看得那么重，因为在他心中有更高的价值信念在，和这份信念相权衡，就不会那么顾念自己的生命。

在那个时代，死亡具备的第二层意义是作为面对不同原则冲突时，不得已却真实存在的解决之道。这又是我们很难理解的价值观。今天我们习惯的方法，是在不同原则间找到妥协，或选择保留这个、背叛那个，很多时候甚至干脆将冲突的原则都一并丢掉了，让自己在一种虚无的状态中活下去。因为要活下去，活下去最重要，所以就绝对不可能像鉏麑那样，面对冲突的原则，不愿背叛其中任何一个，于是决绝地选择死亡，死亡让他可以不必背叛。

我们总是理所当然地认为活下去是第一要义，活着才有其他的。认识春秋时代，可以让我们看到完全不一样的价值观，人们看重自己如何死，高于关心自己如何活下去。

11

先秦时期的自杀现象

迪尔克姆的《论自杀》提醒了我们，观察一个社会如何看待自杀，非常有助于提高我们对这个社会的理解和掌握。不只《左传》，在众多与春秋有关的文献中，死亡的故事都占很高的比例，那个时代的人认为决定自己如何死、为何而死，是一件自然的事。戏曲里的伍子胥故事不过就是夸大表现了这种奇特的态度。我看重你，我帮了你、救了你，那我就将事情做到彻底，我死了就绝对不会有意或无意出卖你，还有，我死了，你就可以完全安心，不必担心我成为你的负担和威胁，甚至也可以是：原来在你心中存在着忧虑和怀疑，觉得我有可能因为任何理由事后出卖你，我无论如何不能忍受被如此怀疑，我愿意以死让你断绝这个念头，保留我的人格尊严。

之所以会有那么多关于死亡的故事，是因为那个时代的人，尤其是能够进入《左传》记录中的封建贵族，都有他们自认为高于生命的原则，突显人如何死、为何死，最能够表现那些原则以及他们看待原则的态度。从这个角度，我们可以重新理解一个传统上流传很广，可能很多人读过、知道的故事。

《左传·襄公二十五年》记载，齐国发生了严重的弑君变乱，齐大史如实记录："崔杼弑其君。"崔杼大权在握，大史这样写，他当然很不高兴，就将大史杀了。大史是世袭的工作，这个死了，换他弟弟来担任，仍然还是直书："崔杼弑其君。"崔杼把这个也杀了，再换上更小的弟弟，一样，还是写："崔杼弑其君。"崔杼一怒，再杀一个。杀了三个，只剩下最小的一个弟弟，却仍然不退让，继续写："崔杼弑其君。"崔杼杀不下去了，"乃舍之"，只好无奈地接受了。

故事还没完。"南史氏闻大史尽死，执简以往。"同样担任大史的南史氏听说齐大史一家快要被崔杼杀光了，连忙带着自己的记录器具，赶到齐国去，要继续将"崔杼弑其君"的记录留下来，确定这件事最终被如实记录下来了，才离开齐国回家。

过去这个故事通常被引用来显示中国人对于历史的重视，尤其是秉笔直书的原则和历史记录者的神圣性。作为一个历史记录者，就算明知会送命，你也还是必须写。然而除此之外，我们还能理解另一层意义：那就是为什么历史、史书如此重要，为什么这整个时代以一本历史记录之书《春秋》来命名？因为人如果为了他所坚守的原则而死，死了就无法为自己记录，就没有人知道他为何而死了。要让他死得有意义，也就需要相应的另一套价值观——后人有强烈的义务观念，觉得应该为死去的人记录下他的原则。这是人生的大事，不能轻忽以对，历史的一个作用，就在于保存了人如何死去的记录，尤其要保存那些堂皇死去的人的故事，让他们不被遗忘。

封建宗法原本就重视世系表，要尽量保存完整的世代亲属关系体系，因而有了一种重视历史的态度。到了春秋时代，传流下来的重视态度，有了微妙的转折——历史记录的重点改变了，不只记录人在宗法里的身份关系，更要记录他为何活着、如何死去。

《论语·卫灵公》记录："子曰：'志士仁人，有杀身以成仁，无求生以害仁。'"这不是空话，不是什么高蹈不切实际的理想，而是回应那个时代环境产生的具体生命提示。孔子这句话说的，仍然是"仁"。仁是什么？从这个角度，孔子告诉我们，仁就是你信守的根本原则与信念，你认定的人之所以为人的根本标准。如何试验、检测你的标准？只要问在什么状况下你即便牺牲了生命，都要保卫这项原则；或者反过来，就算可以帮你换来生命延续，你都不会违背这项原则。

对孔子来说，人不可能没有信念、没有原则而活着，一定要有一个底线，明白若是低于这条线，人生是不值得活的。卫国大乱时，柴高逃出来，子路却冲进去，孔子的反应是："子路死定了！"会有这个反应的另一个重要背景，是孔子对子路的人生底线再明白不过，孔子知道子路不可能"求生以害仁"，他一定要贯彻自己尽忠、勇武的原则，那就是他的仁，实践不了他的仁，他宁可去死，他会以死来换取对于原则的坚守。

12

活着没那么重要，重要的是如何活着

这些人、这些故事有一个耀眼的共通之处，赴死的这些人都不是为了应和外在的什么压力，不是被别人、被社会逼着去自杀的。用这种方式赴死，是他们自主的选择。换句话说，他们不是“礼教杀人”之下的牺牲者，不是死于礼教的压迫之下。

那是他们的个人选择，而即使是如此极端的选择，在那个时代都是被尊重的。孔子从柴高逃离卫国的选择意识到“子路死定了”时，他的心情是担忧的、难过的，然而其中既没有对子路的选择，也没有对柴高完全相反的选择，有任何责备之意。他只是知道，子路一定会做出这样的选择，那是子路自认作为人的原则。

只要好好读过《论语》，你就会知道孔子弟子个个都有不一样的个性。这又显示了春秋时代的另一个后来在中国历史中被掩盖、遗忘了的特色，那就是强烈的个人个性发展的时代。这也符合迪尔克姆在《论自杀》书中的主张——个人精神越强，越是强调个人主见的社会，自杀现象越普遍。虽然孔子看重礼，但他所说的礼真的不是后来的礼教。礼教是集体式的，抹杀个人、压抑个人内在真实情感的，孔子追求的礼比礼教要难得多，也理想化得多。孔子要的，是人从自我内在中发出对于礼的信念，不是勉强地遵从礼，而是真心感受，甚至享受礼的秩序与原则。

个性的昂扬、个人精神的强大，当然和封建宗法的没落、倾颓有关。封建将人摆放在亲族网络的位置上，位置决定了人，位置比人重要。到了春秋时期，这样的安排维持不住了，人纷纷从位置上解脱出来，无法由位置来决定人该过怎样的生活，你必须自己认真地重新思考、重新决定。

区别孔子的礼和后来的礼教，也就是用一种“求异”的眼光看到的中国历史。用这种方式，我们可以看到更多更丰富的内容，而且还能让历史带给现实更大的刺激与参考。我们可以试着去体会有信念的生活，在生活中追寻一些更高等级、更具超越性的原则，也可以换个角度问问自己：我作为一个人的理由与条件又是什么呢？

古希腊历史也留下了许多自杀的故事，而那个社会、那样的文化，也有昂扬的个人主义精神，以及强烈的原则信念。古希腊人相信的“悲剧”就是强大个人精神之下的产物。他们的悲剧指的是人无法改变命运，命运的力量极大，连神都必须屈服于命运之下，而人活在世上往往就是不断被命运和神摆弄来、摆弄去。但人明明知道改变不了命运，也斗不赢奥林匹亚山上的诸神，却无论如何都要反抗，都要挣扎。这种终究要失败的努力，这种总不肯屈服的情绪，构成了悲剧。

这也是一种“知其不可而为之”。这份悲剧性高于人的生命，失去了这份悲剧性，乖乖地、被动地接受命运与诸神的操弄，那么人就不再是人，就失去了人的根本价值。

活着没那么重要，重要的是如何活着。彰显自己不愿乖乖接受安排活着，比活着本身更重要。戏剧《安提戈涅》一开场，就是主角安提戈涅不理会禁令，去替弟弟收尸，她宁可被杀也要做她认为应该做的事。苏格拉底以他的思考与智慧，得罪了雅典城内的庸众，最终被判死刑，一直到喝下毒酒，他没有流露出一点后悔，更没有一丝对活着的留恋。

形式上不一样，但这种认定原则，为了原则随时准备好咬牙不要命的态度，在中国的春秋时代出现，也在希腊辉煌的古文明中出现。

第 二 讲

战国的革新

01

战国从哪里来

春秋时代的开端，在公元前 771 年，那一年周平王东迁，明确结束了原本定都在宗周镐京的时代，开始了东周。东周的结束，同时也是战国时代的结束，也很明确，那就是公元前 221 年秦灭了六国，建立了一个新的统一大帝国。

那战国时代的开端呢？若是依照司马光编撰的《资治通鉴》，是以公元前 403 年当作战国的开始。而原本春秋时代的命名是源自《鲁春秋》,《鲁春秋》的记录终止在公元前 481 年，如果以这一年作为春秋的结束，那么从春秋结束到战国开始，就出现了公元前 481 年到前 403 年的一段空档。

传统史学中，甚至一直到今天，都有很多人在意这件事。我们都连着说“春秋战国”，那怎么可以让春秋和战国中间断开来呢？春秋结束、战国开始之前的这将近八十年时间算是什么时代？

针对这个问题，过去有人主张应该将战国往前提，把《鲁春秋》停止记录的公元前 481 年当作战国时代的开端。这个主张考虑的是《鲁春秋》是一本古籍，不能更改，记到公元前 481 年就是记到那里，相对而言，战国是主观命名的，可以稍做调整提早八十年。

这个主张提醒我们要注意一个重要的问题：既然战国是主观的断代，没有一个必然的依据，那为什么司马光在《资治通鉴》里要选择公元前 403 年？他的理由是什么？那一年发生了什么事？

公元前 403 年发生的重要大事，也就是司马光的断代标准，是“三家分晋”。春秋时的大国，在晋文公在位时雄踞“霸主”地位的晋国，在这一年正式分裂为韩、赵、魏三国，晋消失了。

不过“三家分晋”是有来历、有过程的。韩、赵、魏都是晋的强大世卿，原本除了这三家之外，还有范、知、中行三家，也很强大。经过了复杂的算计与攻伐，到公元前 453 年，韩、赵、魏联手攻灭了原本势力最大的知氏，实质上三家彻底掌握了晋国。公元前 453 年时的晋国国君是晋出公。光是看到他的谥号“出”，我们就知道他其实人根本不在晋国，而是逃亡在外了。所以实质上，“三家分晋”在公元前 453 年就完成了，韩、赵、魏事实上瓜分了晋国。

因而也有人主张，应该以公元前 453 年，而不是公元前 403 年作为战国的开端，这样就能将春秋和战国之间的空档大幅减少五十年。既然“三家分晋”那么重要，是个划时代的大变化，那何不就以实质上出现“三家分晋”状况的公元前453年为断代依据？

不过，选择公元前403年，而不是公元前453年，司马光有其非常坚实的道理。尽管实质上晋国公元前453年就被“三家”瓜分了，然而名义上，晋仍然继续多存在了五十年，一直到公元前403年，周天子正式册封韩、赵、魏诸侯，也就等于同时彻底消灭了晋。从此之后封建列国的名单上，再也没有晋这个国了。

司马光要突显的史实正是春秋和战国最大的差异所在。到了公元前403年，西周封建制度最后的坚持——表面的诸侯名分——都消失了。最后的防线失守，从此中国进入一个和封建很不一样的“列国”状态。

02

春秋和战国的差异

复习一下我们以前知道的中国历史，有“春秋五霸”和“战国七雄”。“春秋五霸”是齐桓、晋文、宋襄、楚庄、秦穆；“战国七雄”则是齐、秦、楚、燕、韩、赵、魏。普通人一看就知道这两者之间的绝大差异，“五霸”在春秋时也写作“五伯”，是五个人；“七雄”就不是人了，是七个彼此互相攻战的列国。

为什么不是“春秋五雄”？因为春秋时期还有很多国，周天子式微，封建制度不足以维系国与国之间的秩序，所以陆续有强人崛起，承担了“伯”或“霸”的角色，当老大爷，代替周天子维持秩序。他们出身大国，掌握了强大武力，然而他们维持秩序的原则，至少表面上仍然要讲究封建规矩。你欺负弱小，老大爷就瞪你一眼，让你把手脚收回去；你说话不算话，老大爷就带兵到你边境上，逼着你遵守协约；你们两个为了这事那事吵得不可开交，老大爷就主持会议，在会上大家把争执解决。充当“伯”或“霸”的老大爷，还不是完全靠自己的武力，他经常联合其他国一起来干预、协调，维持和平秩序。

“伯”或“霸”是春秋时期的代表性人物，突显了他们个人的能力与威望，和上一章提到的个人精神昂扬高涨的时代特色互相呼应。

那为什么到了战国，就没有“霸”，没有老大爷了呢？封建制度进一步萎缩，越来越多小国被并灭了，上百个国慢慢地减少到只剩下十来个了。这些仅有的国清楚地意识到自己不再是封建秩序下的一分子，而是一个新列国局面中的角色。个别国与国之间的关系，取代了原本全面的封建网络。

以国为单位，国与国的关系高于一切，尤其是高于原来的宗法规范，宗法规范——人与人之间的亲族关系——不再有意义，这是从春秋到战国的关键变化。春秋时期，不管大国小国，彼此交涉时要先看国君之间的亲族关系，我和你在亲族谱系上有怎样的相关性。到了战国，没人在意这些了，地理交接、区域分布，更重要的，武力大小，才是国与国往来的主要考虑。

战国时期，韩和秦之间的关系牵涉彼此的国家条件——农业生产状态、人口多寡、边境防卫设备、武力动员配备，乃至策士能提供的计谋高下。相对地，两国国君的关系无关紧要。这是列国之间赤裸裸的竞争，不再受到封建亲族的约束，也没有了封建礼仪的约束。

在“春秋五霸”中，有一个奇怪的人物——宋襄公，在历史上留下了奇怪的记录。宋襄公带兵和楚国军队在涿谷会战。宋军先完成了列阵，楚军还在渡河。宋的右司马购强赶紧建议：“楚军人数比我们多，如果现在趁他们还没准备好列阵就进攻，一定可以将他们打败。”宋襄公回应：“君子说：‘打仗时不杀已经受伤的，不捉阵中年纪大的，不将人推入险境，不乘人之危，还没有列好阵不能进攻。’楚军还在渡河我军就攻击的话，是破坏规矩的。就等楚军都过来，都列好队了，我们再进攻。”右司马还不死心，又劝：“不能只顾规矩，就不顾宋的子民啊！”宋襄公火了，命令：“你立即回到行列里去，不然我就以军法处置你！”右司马只好退了回去，楚军这时也准备好了，宋襄公才下令攻击，结果宋军大败，宋襄公自己也受了伤，三天后因伤去世。

这样的人，怎么能成“霸”呢？哪有一丝一毫的霸气？不，放回历史环境中，我们应该看出来的是：正是这种人、这样的个性与坚持，才会成“霸”。那个时代，大家打的仍然是“有限战争”，战争仍然具有高度的仪式性，绝对不是毁灭性的。那个时代，战争还有规矩，而且规矩还很重要。放任大家都不守规矩，天下必然大乱，因而尽管野心高涨，各国国君为了自保，为了不要陷入恐怖的无序争战状态中，也会愿意支持像宋襄公这种坚持规矩的人来当“伯”，成为教大家如何遵守秩序的老大爷。

但这样的事，战国时期的人非但不可能认同，而且根本无法理解。《韩非子》书中记录宋襄公这件事时，明显是带着嘲弄、批判态度的——怎么会笨成那样，白白放弃打胜仗的机会，以至于还赔上自己的命？《韩非子》的时代，没有什么比打胜仗更重要、更有价值的了，至于规矩，早就被丢入历史的纸篓里了。

03

战国产生了很多新事物

许多古文献产生于战国时期，假托到更古老的时代。《尚书·禹贡》绝对不可能是夏禹的文献，应该是成于战国的，因为文中显现了战国时期的关怀。《禹贡》假托是大禹治水时行经中国留下来的地理资料，但那样的地理知识，实质上不可能早于春秋。《禹贡》将整个中国分为冀、豫、雍、杨、衮、徐、梁、青、荆九个州，并给予这九个州统一的描述与评量。

《禹贡》反映的是战国时期人们对地域概念的认知有所增加。为什么要详细罗列记录各州的特色、土地好坏？这背后就是列国竞争下的需求。知己知彼，弄清楚自家的生产配备，也要弄清楚竞争对手的天然条件高下，这是战国时代让国家存在、壮大的必要知识准备。

类似的内容，也出现在《周礼·职方》中。比对《禹贡》与《职方》，我们清楚地看到战国时期高涨的地方意识以及国成立所需的基本条件。最重要的一项，是土质高下，因为牵涉农业生产。春秋时期，贵族对于农业没有那么高的兴趣，也没有那么现实的理解，毕竟那不在他们接受的教育训练的知识范围内。孔子“少也贱，故多能鄙事”，才接触到了一点现实生产工作，但老了还是被讥讽为“四体不勤，五谷不分”，表示他还不够“贱”，学得不够“鄙”。

这种情况到战国改变了，列国对农业越来越重视，农业知识与技术不断累积，以至于农业的地位随之快速上升，达到在诸子百家中出现农家的程度。

农家代表性人物许行在《孟子》中留下了他的主张。许行是不折不扣的“重农主义者”，强调农业的重要性，主张只要大家都致力于务农，天下的问题就解决了。以农为本，其他事务、其他行业都不得妨碍农业，包括国君都应该亲自务农，每个人靠实际下田养活自己，这样就不会有压迫、剥削、争夺了。

这样的主张，在战国时期一度风靡。我们习惯上认为中国古代以农立国，是个农业国家，然而在战国时期主张重农，其实是个非常新鲜，甚至非常激进的意见。因为农家的重农主张，是反对原有的主流贵族教育的。农家的激进性质在于强调农业才是关键，才是最重要的，这意味着过去贵族教育所教、所看重的与统治相关的一切安排，都是错误的。

这种政治、统治上的农家主张，建立在另一支农家的发展上。

那是特别专注于研究并精进农业技术的农家。这支农家观察土地，调整种植、收获的各种方法，也懂得如何像《禹贡》或《职方》那样将土地按照生产需要分级。

和农业生产密切相关的一项概念是“时”。不只是对四季时序变化的观察与掌握，还要将季节的变化与农业生产活动结合在一起。“时”指的是具备一种高度的自觉，意识到什么时候适合做什么事。

“时”的概念刺激这个时期的人完成了二十四节气的系统。什么叫“节”？“节”是“有礼有节”的“节”，本意就是“适当的限制”“道理上的限制”。到了某个时间，自然的循环变化规定了你应该做什么事、应该如何做，这是“节”。做什么、如何做，指的当然是农业上的事，是以农业生产考量为主而成立的。

《史记·仲尼弟子列传》中，司马迁总结子贡一生，第一句是“子贡好废举”，第二句就是“与时转货赀”。子贡会做生意，生意发达的关键也在“时”，看准时机，尤其是农业生产上的时机，将这个时候生产的东西买下来，留到不同的时候来卖。这“时”就扩大而有了商业贸易上的意义，反过来，商业贸易的发达，又进一步刺激当时的人对“时”更为敏感。

对“时”的思考，也是“五行循环”概念的基础。不管是“阴阳消长”或“五行循环”，其实都是观察并整理时序变化的模式，也都和这种技术性的农家有一定的关系。

04

铸铁技术的提高

战国时代，有了农业土地知识的发展，所以人们在《禹贡》与《职方》中分析各州土地好坏性质，并予以评分排比，此其一。

第二，农业工具也有了快速的、革命性的进步。最重要的，是铁器开始系统地运用在农业生产上了。前面提过，中国有辉煌的铜器时代，然而受到特殊的历史条件影响，商周时期的青铜器大部分用在礼仪上，少量用在打仗上，几乎没有出现青铜农具。青铜铸造技术发达时，农业生产却还停留在以磨制石器为主的状态。贵族主导的社会中，青铜器用在“祀”与“戎”的“国之大事”上，在这些贵族眼中，农业没有那么重要，不会将贵重且带有神圣意义的青铜用在农业生产上。

铁器铸造技术成熟，才带来了中国古代农具的飞跃性改变。

而促成铁器铸造进步的飞跃性因素，则是鼓风炉的发明与运用。《老子》中说：“天地之间，其犹橐籥乎？”“橐籥”指的就是风箱。这句话是《老子》的作者绝对不可能和孔子同时期活动的重要证据，因为孔子的时代还没有“橐籥”，还没有发明带有风箱的鼓风炉。

鼓风炉的作用在于灌入大量氧气，使得激烈的氧化作用产生高温。高温能够将矿石中的铁熔解出来。铁矿的存在、分布，远比铜矿来得普遍，能够制造出足以熔铁的高温，丰富的铁就能够用来制造大量的器具。不同于青铜的稀有性，铁够多够普遍，就能拿来铸造农具了。

铁器的铸造量在春秋末期快速增长，各地纷纷出现了铁器铸造中心，也就产生了铁器铸造技术上的高度竞争与互相影响。吴国以铸剑著称，他们铸出来的剑，在硬度上介乎“铁”和“钢”之间。

《吴越春秋》中记载铸剑时动用了三百童男童女，就是负责鼓风的。找“童男童女”鼓风，是取其纯粹性，当然没有实际作用，关键在“三百”，展现了铸剑需要庞大人力进行鼓风，从而使炉中温度得以维持得很高。

在战国文献中，“白刃”二字成了常用词。将铁的硬度炼到近乎钢的水平，所谓的“白刃”才会出现。用鼓风炉提高冶铁温度，这一技术产生的最大影响不在铸剑，而在铸造出大量铁制农具。依照《山海经》中的说法，中国有3690座铁矿，就算打个折扣，那数量依然很惊人。

要铸铁除了挖矿取出含铁的矿石之外，还需要能产生高温的燃料。战国时期另外一项重要的变化，也就是《孟子》书中描述的“童山濯濯”，原本长满树的山上现在空荡荡、光秃秃一片了。为什么会这样？因为“旦旦而伐之”，冶铁需要树木作为燃料，需求大增，不得不大量砍伐山林。

山林原本是国君、贵族的保留地，人民禁止入内。但在包括冶铁在内的燃料需求刺激下，战国时期的山林很难再保留为禁地了。像梁惠王就将山林赐给了人民，但那不是因为他好心、善待人民，而是挡不住人民了。开放山林后常见的配套做法就是征税——要来砍可以，但要缴纳一定的费用，从而有了越来越复杂的国家财政运作，进来的多、出去的更多，怎么进、怎么出都要有安排。

05

铁器和水利推动农业生产，也改变了战争观念

铁器普遍运用在农业上，产生了一个循环。硬度高、锐利的铁器方便砍伐树木，树木砍掉了，原来长树的土地也就清空出来，可以拿来耕作。越多土地开发为农地，就需要越多铁制工具，也就刺激了更大的冶铁燃料需求，于是再去砍掉更多树，清出更多土地来。

在铁器发明之前，农田的开拓不是那么容易的。最常见的方式是用烧的，将一块地上的植物一并烧掉，在烧出来的空地上开垦。这样开拓出来的土地，表土很容易流失，因而往往种了几年，作物产量就开始大幅下降，没多久就必须放弃这块土地，再去找，再去烧新的地方。农用铁器改变了开拓的方式，树砍下来可以当作燃料，铁器还可以用来挖掘和清除树根，这样处理过的土地，很

明显在生产上比烧出来的地能产生高得多的经济利益。

于是战国时期，中原地区的山林快速消失，农田也相应快速增加。和春秋时期相比，不只农田面积大增，以铁器耕耘的农地，其生产效率也大幅提升。

提升农业生产效率的另一项重要因素，是水利的发展。成都城外保留的都江堰就是战国时期李冰父子的杰作，即使经历了汶川地震，都没有被破坏。

都江堰的主体，是位于岷江江心的“鱼嘴”分流工程，它把岷江分成内外二江。外江在西，又称“金马河”，是岷江正流，主要用于行洪；内江在东，是人工引水总干渠，主要用于灌溉，又称“灌江”。“鱼嘴”决定了内外江的分流比例，内江取水口宽 150 米，外江取水口宽 130 米，利用地形、地势使江水在“鱼嘴”处按比例分流。春季水量小时，四成流入外江，六成流入内江以保证春耕用水；春夏洪水季节时，水位抬高漫过鱼嘴，六成水流直奔外江，四成流入内江，从而使灌区免受水淹。这就是所谓“分四六，平潦旱”。

都江堰很了不起，然而放在战国历史的脉络下，都江堰不是天上掉下来的孤例。都江堰是战国水利知识与技能的最高成就，明显是在普遍、全面水利灌溉工程发展的基础上才能出现的。

成书于战国时期的《周礼》，留有对于水利制度的讨论，当时水利控制也有很详密的划分。有“渚”，这是农田边挖出的池塘，下雨时可以储水，不下雨时又能够引水灌溉。有“防”，这是在河道边筑堤防，避免河水泛滥淹没田地。有“沟”，指的是从比较大的水道挖出分支来，引水进入特定的农田中来利用。另外有“浍”，是让水从田里排去的水道名称。引水入田的水道，和让多余的水从田里流出去的水道，分别设计，各有称呼，可见水利工程思考之细密。

有铁器，有越来越多的农田，又有发达的水利工程，总的效果当然是农业生产水平不断提高，也就支持了相应的人口增长。人的居住与活动不断增加，另外带来了心理影响——人那么多，人命的价值也就越来越低了。

战国时期有了和春秋时期很不一样的对待生命的态度，以及对待战争的态度。铁器可以用在农业生产上，有效养活人；铁器也可以用在打仗上，更有效地消灭人。春秋时期，战争的规模有限，仍然带着贵族仪式性质，没那么多人去打仗，也没那么多人有资格去打仗。战国时期最明显的变化，是发展出了“全民动员”的战争。到了战国末年，几场主要的战役，双方动员动辄几十万人，战场上的死伤，加上事后的“坑杀”，往往一下子就折损几十万条人命。

战争越来越频繁，动员规模越来越大，相应地，后勤补给也就越来越复杂。战士填饱了肚子才有办法上阵厮杀，及时、充足地满足战士的饮食需要，有赖于这个时代的新发明、新突破。古代农业的主要产物是谷物，但谷物得煮熟了才能吃，很不方便。战国时期有了许多新的保存与携带食粮的方法。

当时最普遍的战场食粮，是“糗”，米煮熟了之后风干，带在身上，要吃的时候加水重新泡软。《孟子》里说“箪食壶浆，以迎王师”，形容的就是带着水和容器来，方便这些战士将糗泡开成米浆来吃。

重新认识中国历史，一种方式就在认识细节。传统历史知识中长平之战本来就是一个重要事件，然而我们进一步思考细节就会了解，要出现这种规模的战争，需要有许多相应的变化。三个人打架和三百人打架是两回事；动员两千人列阵打仗，和动员二十万人，当然也是两回事。没有农业生产上的突破、人口的增长，甚至没有方便携带的食粮形式改良，都不可能有这种大型的战争。

06

商业贸易和城市发展

人口增加，就需要更多的生活空间，这带来居住空间的扩张。前面提过，“城”的发展在中国古代史上极重要，也极特殊。从新石器时代起，中国土地上就出现了大量的“城”，但这些“城”却不是“城市”，因为并不是以“市”——人聚居做买卖——为其主要功能的。

有的“城”用夯土墙围出来，有的“城”发挥军事功能，但早期“城”具备的最普遍的意义是政治上的。封建制度中，每一个封君都占有一个“城”，“有城斯有国”，不管大小，国就是一座“城”。

从春秋到战国，“城”也必然要有大幅的变化。“城”有固定的城墙围着，里面住着“国人”，外面住“野人”，“城”内的空间面积是有限的。人口增加，大家都想住进“城”内，得到“城”所提供的安全保护，然而受到既有城墙的限制，“城”内无法弹性容纳快速增加的人口。

也就是说，“城”内空间的供给远远赶不上需求，产生的后果就是想要住进“城”里，想要稳定地待在“城”里，人必须付出相对较高的代价。战国时期的大城里，逐渐发展出三征制，即三种收费的项目。一种是“关”，进来就要收费；一种是“市”，如果在城里买卖交易就要缴费；还有一种是“廛”，类似摊位的租金。

看得出来，“城”的收费形式以商业贸易为主，也就是说，在城内空间缺乏的情况下，做买卖的有一定要进城的最大动机。因为对他们而言，进来了不只得到安全保护，还能够利用人口密集的条件来做生意，得到利益。在这种情况下，原本带有政治中心性质的“城”，一部分在战国时期就具备了越来越高的商业性质，也就是说，原来的“城”开始逐渐蜕变为“城市”。

“城”的贸易、商业功能在战国时期大幅提升，有时甚至超越了原本的政治功能。再加上封建瓦解，变成了列国制度，每一个国都有越来越大的疆域，而一个国只需一个政治中心，更促使“城”朝着商业贸易中心的方向变化。战国中期就出现了商业的大城。魏国与秦国的争战中，一个重点是定陶，为了抢夺定陶双方都付出了很大的代价，而定陶的价值就在其商业贸易利益。三征制就是在定陶发展出来的，可以想见其商业贸易繁荣程度。

国中有像定陶这样的商业贸易大城，光靠三征就能为国君带来庞大的收入，可以让他建宫殿园囿，当然也可以拿去打仗。这种收入连带地刺激了货币的发展，买卖、缴费都需要有效、可信任的中介工具，原始以物易物、以物计量的形式是绝对行不通了。

07

战国的货币

战国时期的货币，光是从名称上就能让我们对这些货币的来历与发展有一定的想象与理解。各国所用的货币不一样，总的来看，最常见的有四种——布、刀、贝、钱。

布和刀都是生活上原本就有的必需品，每一家都用得到织出来的布和铁打的刀。而不同于谷物，这两种东西一来不容易坏，不会在短时间内有明显耗损；二来重量和体积都有限。如此就很适合用来当作交易的中介，本身有实质用途，不怕换不出去，又比较轻、比较小，方便带来带去。

贝就不一样了。不同于布或刀，贝没有实际的功用。贝会成为货币，靠的是两项条件：第一，稀有；第二，轻便。会以贝当货币的，一定是远离海边的地区。本地不产贝，必须大老远将贝运过来，原先在海边随手可捡、没有价值的贝，一旦耗费人力、时间运到深远内陆来，也就变得有价值了。再加上贝比布和刀都更轻，又有一个一个独立的单位，在携带和交易计数上都有其优势。

不同于布或刀，贝是更纯粹的货币，或说更是抽象的货币。拿到的贝除了用在交易上，几乎没有其他用途。贝本身没有用处，其有用的前提是别人也相信贝可以在下一次的交易中被承认、被接受。因而贝的出现，意义非凡，标志着一个建立在彼此共同默契的基础上的买卖系统已经存在了，在这个系统里，大家同意且信任贝是有价值的，拿辛苦种出来的谷子去换了自身没有价值的贝，还不用担心。需要交易时，手上这些贝能找到人愿意换给你衣服、农田或家里需要用的工具。

从贝到钱，那就是顺理成章的发展了。钱也是抽象的货币，不过是人造的，不像贝是从自然里来的。和贝一样，钱也有其稀有性，钱里含有铜或其他稀有的材质；和贝一样，钱需要费力铸造，由此取得了价值；和贝一样，钱也很小很轻，便于携带使用。而钱有比贝更有优势的地方——因为是人造的，能造得更一致、更合理。

战国时期的商业发达到相当程度，刺激出对于货币的高度需求，出现了专门用于交易的钱。钱要发挥交易功能，必定要同时具备另一种功能，那就是储存价值。大家达成共识，这样一枚钱等同于一斗米或一条鱼，我将一斗米交给你换来一枚钱，就意味着一斗米的价值储存在这钱里了，因而我可以用储存在钱里的价值跟别人去换一条鱼。

价值可以留在抽象的货币中，也就表示价值可以累积了，因而在战国时代出现了过去从未见过的大笔财富。如果没有钱、没有货币，财富就无法如此有效地累积储存。

财富储存最高阶段的形式，是金。战国史料上贵重的金越来越常出现，表示财富累积的量大到一定程度，连用钱都不够方便了，因而发展出比钱更贵重的金。

金的普遍使用，又和另一个现象同步进行，那就是土地买卖。原来的封建制度中，册封的过程有“胙土”，将一块土地划给受封的人，由他带人去占领、开发。土地是一层层“封”的，这是封建权力的一部分，不是买卖交易的对象。到了战国时代，一方面是封建瓦解，分封的约束不再；另一方面由于货币的高度发展，相应地带来买卖范围的扩大，越来越多的东西被纳入交易之列，终至土地也能买卖了。

土地是生产之本，有着很高的价值，必须等到金这样的高层高价货币成熟，才有办法促成如此高价的交易。换个角度看，连土地都能买卖了，那么这样的社会必定同时进行着其他昂贵物品的交易。战国时期出现了大量的奢侈品，这也是春秋时没有的。

08

商人和地主

用成语“长袖善舞”形容一个人，你会想起什么样的人？是身穿华丽舞衣的舞者，还是手腕灵活、八面玲珑的人？现在约定俗成的印象，应该是后者，然而其实前者才是这四个字的原意。

为什么“长袖善舞”会被用来形容手腕灵活、八面玲珑的人？那是因为《韩非子·五蠹》中的原文是：“鄙谚曰：‘长袖善舞，多钱善贾。’”长袖善舞后面接了多钱善贾，而且重点在多钱善贾，长袖善舞只是陪衬的。意思是穿上了长袖子的衣服，好像就变得比较会跳舞了，跳起舞来格外好看；同样，一个人身上钱多了，也就变得会做买卖了，有钱做买卖就容易多了。这句话后来被减省了，只剩下长袖善舞，但用的却还是多钱善贾的意思，留下了和灵活做买卖有关的意思。

这也是春秋时期绝对不会有的一种心态。钱的作用排山倒海而来，逐渐盖过了一切，而且已经出现了以钱生钱的做法。春秋时期尽管封建已经渐渐解体，然而一个人的成就，通常还是跟他的封建身份和地位相关的。例如春秋时享有大名的季札，他最主要的事迹是什么？他父亲吴王寿梦看重他，想要传位给他，季札不肯，认为应该由长兄诸樊继位，就避居乡野。寿梦死后，诸樊要将王位交给季札，季札不受，诸樊即位了，但声明这王位在自己死后，还是要交给季札。诸樊死了，季札仍然不就王位，又让给二哥余祭，余祭只好将季札封到延陵去，成了延陵君。余祭死后，季札第三度不就王位，王位由寿梦的孙子僚继承。

季札做了什么？就是一直逃避，不肯即王位，不是吗？但在春秋时期，这样的人格受到特别的重视，因为他坚持自己的身份和自己的地位应该相符，虽然即位对他自己有利，但在原则上不能跳过哥哥去继承王位当国君。

到了战国就不是这样了。多钱善贾，有钱的人自己形成了封建以外的系谱。《史记·货殖列传》中就记录了子贡、白圭、猗顿和郭纵等人。而战国富贾系谱最高处，站着吕不韦。

吕不韦是最成功的商人，最后用他的“多钱”买下了秦相国的位子，等于是把自己抬到全天下除少数几位国君之外最高的权力地位上，象征着商人阶层的快速崛起与征服。

和商人一并兴起的，还有地主。春秋时代，几乎毫无例外，富者必然是贵者，财富仍然主要从封建身份而来。主要的“富”，来自土地，而土地是因其封建地位而受封或继承来的。身份、土地、财富，这几项条件紧密扣连。到了战国时期，土地和身份脱离开了，没有原始分封身份的人，开始可以通过买卖取得土地，同时占有土地所生产的财富。于是就出现了单纯的富人，富而不贵。于是这些新兴的地主无可避免与原有的贵族子弟有了越来越激烈的摩擦。

商人、地主的崛起，先是威胁了原有的贵族秩序，进而还威胁到了原有的国君体制。战国七雄互相激烈竞争的背景下，有着各国国内新兴社会势力与旧势力间的冲突。找到办法调和、运用这些新兴势力，也就成为这段时期一国是兴是衰、是起是落的关键。

处理新兴力量，国君要能够让他们得到的利益，以税赋的形式贡献出来，让私人的财富变成“国富”，“国富”了也才有机会“兵强”。对内，战国国君饱受这些新兴势力逼迫；对外，他们又得应付越来越激烈的列国战争。而这内外夹击的压力彼此联结，应付得了内部势力，将他们从政治上的威胁转化为经济上的供给，就获得了对外攻伐所需的庞大资源。

战国时期的国君很辛苦、很难当，富国强兵是他们须臾无法放下的目标，战争则是他们逃躲不掉的日常现实。这个时代为什么是战国，为什么有连绵不断、无休无止的战争？因为战争具有高度的掠夺性，战争胜利攻下一块疆域，这块疆域里的人民就成为我的人民，帮我生产，也帮我打仗。如果打下的是像定陶这样的大城那就更有用了，可以从商业贸易中获得巨大利益。

战争是取得短期与长期资源最容易又最有效的方法，如此就使得战争很难停歇。富国有条件发动战争，用强大的兵力使得国更富。穷国则别无选择，只能持续备战打仗。打了，还有机会靠着攻城略地扭转劣势；不打，自己仅有的土地、人民和商业贸易利益都会被夺走。

封建制度中原有的社会组织，彻底被打破了。于是大量的人民从原有的组织中游离出来，流离失所，不再有明确的社会角色与经济基础。这样的状况对国君来说是问题，却也是机会。《孟子》中记载孟子和梁惠王的多次讨论围绕着一个主题——如何留住人民，甚至将别国的人民争取过来，成为自己的人民。人民是可以种田生产又可以动员打仗的重要资产。

09

实用主义者

——纵横家和法家

在松散的社会中，人从固定的位置上游离出来，对于个人，既是问题，也是机会。在游离失序的状态下，人可以一夜致富，也可能一夕成名。最能够反映出这种时代气氛的，是热闹的纵横家风潮。

纵横家是社会组织松散后崛起的投机主义者，因为他们所处的，是一个极度适合投机主义发展的环境。提供纵横家纵横放肆的背景，就是战国时期随时存在的战争压力。纵横家们靠着投机的态度，灵巧的说服能力，彻底摆脱了封建制度的约束，完全不受制于土地或社会的约束，谁愿意用他们，他们就代表谁，提供应对战争局面的策略。

纵横家给国君提供的解决方案，基本上是对外的。利用列国形势合纵连横，也就是选择性地和他国结盟，将安全保障与战争胜利的把握最大化。他们站在这个时代局势的浪头上，利用这样的高度不确定状态来游说国君，成就自己的功名。

和纵横家同时壮大的，还有法家。法家也现实地承认战国争战的局面，在这一点上和依然追求恢复封建秩序的儒家完全不同。但处理这个现实带来的问题时，法家却是着眼于国家内部的改造。远溯商鞅，法家提出的基本解决方案，就是用法来取代封建身份安排。封建身份建立在“异”的原则上，在宗法亲族关系上，每个人有不一样的相对位置，依照这不同的位置来制定相应的行为规范。法则相反，它强调的是“同”，不管你是谁，通通都受到同样的法的约束，都要照着法来行动。

商鞅留下来的故事中，有两个最有名。一个是商鞅在秦国都南门立了一根木头，颁布命令说：如果有人将这根木头搬到北门去，就重赏五十金。奖赏之重，和移木头之简单，太不相称了！因而大家都不相信这命令。终于有人去搬了木头，出乎所有人的意料，这个人真的得到了重金奖赏！用这种方式，商鞅建立了“信赏必罚”的法的权威。

另一个故事是太子犯了法，商鞅毫不留情，坚持要处罚。这简直闻所未闻，哪有法可以管到太子的？商鞅要强调的正是法不分身份，唯有处罚太子，才能让人相信法高于封建身份，以同样的效力管国中的每一个人。在当时的环境中，商鞅绝对不可能处罚得了太子，于是太子的师傅当了替罪羔羊，也就在此埋下了商鞅后来被杀的动因，太子怎么可能不恨他！

回到战国的历史环境中，法家是诸子百家中真正的胜出者。战国仅存的几个国，在施政上都朝法家倾斜，其中一个关键原因就在于法家彻底的现实主义态度，对于过去的封建制度没有任何留恋，既然封建瓦解无从收拾，那么就必须抛弃封建制度，重新建立一套适应新环境的新制度。

法家不只影响了战国后期所有国家的政治发展，更重要的是，法家的思考与设计奠定了后来秦汉帝国的社会根基。取代了封建出现的帝国，在政治上将所有的人当作编户齐民，用这种方式组织新的社会。齐民，也就突显了人民的同一性和一致性，不再有过去封建宗法那样的身份考虑。

10

混乱的终结

——统一的大帝国

战国两百年时间，混乱、动荡，整个中国像被放进一个离心力大转盘中，转得快要彻底散架解体了。然而在公元前 3 世纪结束前，从大转盘中竟然转出了一样相反的东西——统一的大帝国。

统一和帝国两件事同等重要。统一终结了列国状态，也一并终结了前面制造出列国状态的封建制度；帝国则是在封建制度的废墟上升起的全新秩序。封建制度漫长的瓦解过程，给太多人带来巨大的痛苦，人民渴望和平、渴望秩序的强烈心情，是帝国崛起最大的助力。法家编户齐民以及中央集权的郡县制这些新措施逐步打下了帝国存在的基础，才能在大分裂大游离中产生彻底不一样的新时代、新政治体制。

打造出这个新帝国的秦始皇，自觉开创了一个新天地，与之前的历史决然断裂开来，所以给了自己一个全新的名号，叫皇帝。而且他期待从此这新天地能够延续下去，所以又将自己称为始皇帝——第一个皇帝，然后传给儿子二世皇帝，再给孙子三世皇帝，一直传下去。从一个角度看，他这种类似“万世一系”的观念很可笑，秦帝国才传到二世就灭亡了，万世成了大反讽。不过换另一个角度看，秦始皇创建的帝国到底还是留下来了，大致以其原样至少经历了汉代四百年，而且就算经历了后来的分裂动乱，只要中国进入统一状态，都还是会回到这样的帝国体制上来。秦早早没了，但帝国从此在中国历史上留下来，几乎成为定制。

第三讲

战国时期的战争变化与墨家

01

战国的主题当然是“战”

让我们再追溯一下战国这个历史断代概念。这段两百年的历史之所以叫战国，是因为国的兴起、发展及巨大变化，另外或许更重要的，是“战”，这个字指出了这个时期不只战争频仍，而且战争的形态、战争的规模、战争的强度都持续升级的事实。

促使战争变化的第一个因素是武器。铁器的广泛运用，不只体现在武器变成铁铸的，而且体现在铁制工具可以被更有效地用在采矿上，人们开采更难开的矿，采出更多的铁用来铸造更多的工具与武器。

一言以蔽之，战国时代人们彼此屠杀的效率，要比之前的时代提高太多了。杀人，甚至是大量杀人，变成一件相对容易的事。

许多更有杀伤力的武器被发明出来，并快速实际运用到战场上。影响最大的，首推弩的发明与运用。弓箭是极古老、极普遍的武器，然而到了这时候，旧式的弓箭经过大幅改造升级，由原本单人手臂拉弓放箭，进化到以机械、杠杆的方式来发射。

弩变得可以集合好几个人的力量，或将力量延迟储积来放箭，于是就可以让箭飞得更远，箭射中时造成的伤害也就更大了。机械的运用又使得弩不必受限于个人的身体尺度，可以越造越大。于是一个直接的效应，就是战场的范围扩大了，战争的规模也随之扩大了。

春秋时期的战争，基本上以车战为主。从《论语》一直到《孟子》，都习惯用“百乘之家”“千乘之国”“万乘之国”来形容国的大小与实力。“乘”就是由马拉的战车。马车在当时具备最大的机动能力，步行的士兵则跟随在马车后面。交战时，首先是双方的战车相交，驾马车对战的，都是至少具备“士”身份的贵族。换句话说，春秋之前，战争是贵族和贵族打，参战各方动员底下分封的大夫与士，一般平民是没有资格参战的。就算后来开始动员一部分非贵族，他们也还是只能扮演支持的配角，部署在战车后面的第二战线跟随战车行动。

因为车战的主角是受过王官学教育的封建贵族，所以打起仗来必须讲究规矩。打仗有打仗的礼仪，更有其根本的规则，不能乱来。阵如何列，开战如何“鼓”，收兵如何“鸣金”，都是固定的。依据这样的规矩，宋襄公拒绝趁楚国军队渡河之际进行攻击，必须等楚军列阵好了才能打。依据这样的规矩，曹刿才会建议鲁庄公等待对方一鼓、再鼓、三鼓，然后才接战，留下了“一鼓作气，再而衰，三而竭”的名言。

春秋时期有一场有名的大战——晋和楚之间的城濮之役，当时国力最强大的晋出动了七百乘。按照那个时候的惯例，一乘车上加随伴的步兵，顶多三十个人，也就是说这样一场当时惊天动地的大战，战胜方出动的兵力大约在两万人。

每个贵族封君，只能拥有那么多兵车和武器。打造兵车和武器，不是那么容易的事，技术上的困难节制了战争的规模。而且青铜材质的武器，硬度与锐利度都不是那么高，用在近接作战上，双方的风险差距不大，杀伤力也都没那么可怕。

但进入铁器时代，强弩被发明出来，车马战的基础被推翻了。尽管《孟子》还用“千乘”“万乘”一类的词语，然而那个时代的“乘”已经不是战争的现实单位了。比较新的替代说法是《战国策》出现的“带甲百万”，这是拿来形容楚国的强大的。依照《战国策》的描述，楚国有士兵一百万人，外加车一千辆，马一万匹。

《战国策》里另外记录了魏国“带甲三十万，车六百乘，骑五千匹”，赵国“带甲数十万，车千乘，骑万匹”，韩国“带甲二十万”，齐国“带甲数十万”。这样的说法清楚反映了战争动员规模的扩大，还有军队结构的改变。车或“乘”不再那么重要，摆在最前面的是“带甲”，也就是徒步的士兵。春秋时期，一辆车配一或两匹马和至多三十个士兵；到战国时期，车和士兵的比例可以到一比一千。以秦为例，车和马的比例也变成了一比十，当然不是十匹马拉一辆战车，而是马的用途增加了，除了用在车战上，还有了“骑兵”。赵国最早将骑兵有效用于战争，其地理条件最适合养马，所以赵国的步兵比秦国少得多，却和秦国有同样多的马匹。

这么多的战士从哪里来的？绝对不可能像春秋时代主要由封建贵族武士来打仗了。“带甲百万”，就算没有一百万，五六十万总是有的吧。这种规模的军队必须通过完全不一样的动员系统才有可能建立起来。

02

统治制度和战争方式都不再一样

在封建体制下，国君底下有世卿，世卿底下有大夫，每个大夫拥有一定数量的士，一层一层分封出去。打仗时就动员，士服务大夫，大夫服务世卿，世卿服务国君。到了战国时期，这样的制度落伍了，取而代之兴起的，是跳过各个封建层级，由国君直接对庶民动员。

这套新制度，就是后来定型下来的郡县制。“县”的本意是“悬”，指一块飞出去远远挂着的领土。例如赵国和齐国彼此紧邻、彼此争战，为了防御边界同时伺机抢夺赵国的领土，齐国就在边界上设立了一个特别军事单位，这块区域不在原来的分封系统中，由齐国国君自己统领。离国君所在的都城很远，又不在既有的分封架构中，因而这块地就被称为悬地，也就是县。

换句话说，县是国君直接管辖的军事单位。出现县之后，又发展出了郡。郡原本也是为满足军事需要而产生的新单位，和县一样由国君亲自控管，不纳入分封系统中。只是郡可能出现在国中任何地方，不限于离国都很远的边界。

郡县制不是秦统一六国之后才有的，而是在战国时期逐步发展的一套制度。郡县制的重点在于以国君中央集权取代封建式的分层权力架构。

春秋时期，打仗基本上不关庶民的事。战争的动员依循着封建的脉络，也就是以亲族关系为原则。广大的庶民和国君、世卿、大夫没有宗法上的亲族联系，无从以封建规则来动员他们。从国君到庶民，中间隔了好几层，更重要的，中间隔着封建最主要的藩篱——亲族关系。

郡县制的作用就是取消中间层级，使国君得以直接支配庶人，能够支配、动员庶人，才有可能建立那么庞大的军队。两件事同时发展，彼此加强——军队越来越庞大，战争的形态就越来越倾向步兵战而非车战。连带的，战争的空间条件也改变了。

战国时期一场有名的战役发生在马陵，马陵之役牵涉孙膑与庞涓的争斗，后来一直是中国戏曲的重要题材。马陵之役中庞涓被跛脚的孙膑打败了，胜败的关键在于马陵是狭长多险阻的地方，庞涓带领的优势兵力在这里施展不开。

这样的战争地理因素，不会出现在春秋时期。春秋以车战为主，必定要有广大的空间才能供双方部署。相较于车战，步兵战的一大好处就在于可以灵活应付较多不同的空间。

从春秋到战国，能打仗的地方变多了，战争无处不能发生；从春秋到战国，战役的持续时间也大幅增加了。春秋时的战争结果几乎就决定在交战当下，车战分出胜负，一方撤退大致就结束了，顶多就是胜利的这方决定要不要再“追北”，另外看撤退的一方是不是另有伏袭反攻的准备。这个时期的战争相对是有限的，贵族武士对贵族武士，不可能打到你死我活，不可能要将对手彻底消灭。有限战争打出胜负之后，双方就坐下来依照胜负结果进行安排。封建架构依然存在的情况下，战胜的一方能够得到土地、城池，战败的一方却仍然可以守住封建宗法上的地位。

但到了战国时期，可就不是这样了。不再有封建宗法架构提供战争终极底线，战争可以亡国，战争可以掠夺土地和人民，战争也可以彻底消灭对手的战力。战国前期，开始有了长达半年的持续战争；到战国后期，秦和楚之间打了持续五年之久的战争，每一场战役的开始与结束，变得越来越不清楚。

春秋时期，“鸣鼓而战，鸣金收兵”，战争有清楚的开始与结束。战国就不理会这套封建旧规矩了，空间是延续的，以抢占空间为主要目标的战争也就随之延续。打下了这一块还有前面一块，战争要一直打到对方都城城下。

03

战争规模和战争动员更庞大

战争扩大，战争形态改变，防御也就变得越来越重要。最主要、最有效的防御，毕竟还是城，高高的城墙可以阻却敌人的进攻。战国时期不只是每座城的城墙越盖越高，连城墙的概念也改变了。战国中期出现了长城，它不是绕着一块生活区域修筑的、长度有限的城墙，而是会不断延长的城墙。长城的用途，是作为国与国交界处的屏障，避免别国的军队闯过来。

这种内地长城有两种基本类型。一种是沿着河川修筑成的。水利工程的进步，让大家都意识到要在河边筑堤避免河水泛滥。堤防加高，高到一定程度，就不只可以抵挡洪水，还可以抵挡人马，这样就从堤防转型为“城”了。楚沿着沘水和瀙水筑起长城，魏沿着洛水筑长城阻挡秦，赵沿着漳水、滏水筑长城阻挡魏。

长城的另一种类型，是沿着山陵线筑成的，也是对自然障碍加以利用，使得敌人更难越过。在山陵最高处筑了“城”，居高临下对付必须从山下攀爬而上的敌人，就能取得明显的优势。我们今天熟悉的万里长城，也属于这种类型。

现存的万里长城是明长城，作用是防止游牧民族入侵。在农业民族生活区的边界上选择山陵线筑城的做法，也始于战国时期，当时称为边地长城，和内地长域区别开来。在历史中，边地长城的作用一直存在，以至于后来的人讲到长城就只想到边地长城，遗忘了内地长城。实际上，内地长城不只起源较早，而且在战国时期，内地长城的规模也超过边地长城。

所以在战国时代，“筑长城”不一定都在边地，更重要的是作为整体战争中的一种防御策略。于是除了有大量人力被动员上战场之外，另外还有大量人力被动员去盖城墙。战争影响的范围越来越广。

在春秋时期，庶人地位低，生活贫乏，但相对而言，庶人几乎不受战争的直接影响。战争中打来打去、有得有失的，是“士”以上的贵族。到了战国时期就大大不同了，没有人能够逃离战争。战争随时可能打到你家门口，而且你随时会被动员去打仗，就算没被征上战场，也还是有可能被拉去集体夯土筑城墙。

战国时期投入在战争的人力，和春秋时期相比不可以道里计。数量上的变化有赖农业生产发达带来的人口增长，也有赖在政治制度上，国君越过了分层封建，得以直接掌控庶民。

国君和庶民之间的距离越来越短，一方面给予国君巨大的动员权力，另一方面也促使庶民地位相对提高。从春秋到战国，庶民的生活变得越来越不稳定，然而相应地，他们的机会也越来越多。

04

墨家学说因战争而诞生

庶民崛起的趋势，从春秋末年开始跃动，墨子与墨家就是在这样的背景下出现的。

《韩非子·显学》开篇第一句话："世之显学，儒、墨也。儒之所至，孔丘也；墨之所至，墨翟也。"一直到韩非的时代（战国末年，公元前 3 世纪中叶），孔子去世超过两百年了，儒家和墨家仍然被视为两大显学。

然而再过一百年左右，到了汉朝，司马迁在《史记》中，特别提高孔子的地位，写《孔子世家》来记录孔子的生平和言论，另外有一卷《仲尼弟子列传》和一卷《孟子荀卿列传》。相对地，司马迁没有为墨子立传，整本《史记》只有在《孟子荀卿列传》后面附了一句话："盖墨翟，宋之大夫，善守御，为节用。或曰并孔子时，或曰在其后。”总共二十四个字，如此而已。

曾经和儒家并列为显学超过百年的墨家，到了《史记》里，却几乎不存在了，最后还是为了说明孟子强烈反对“杨”“墨”的主张，才得以有这么一小段的补充。司马迁的父亲司马谈还曾经研究过诸子学，留有综论诸子思想的《论六家要旨》，即便如此，司马迁都表现得对墨子缺乏兴趣。从韩非的时代到司马迁的时代，孔子的地位和墨子的地位明显有了一上一下的戏剧性变化。

墨子的地位急遽下降，导致关于他的各种信息数据也就被忽略了。司马迁极有可能不曾读过《墨子》，连墨子的生卒年代他都没有确切的把握，只能说有人主张墨子和孔子同时代，也有人认为墨子晚于孔子。汉朝之后，墨子及墨家长期处于中国思想的边缘地带，关于墨子生平的史料也就越发涣散支离了。

我们今天只能利用《墨子》书中的内容，尽量还原墨子的时代背景。《墨子》书中有《公输篇》，说：“公输盘为楚造云梯之械，成，将以攻宋。子墨子闻之，起于鲁，行十日十夜，而至于郢，见公输盘。”公输盘又叫公输般，是鲁国人，所以也有人主张他就是鲁班。公输盘是个精巧的工匠，为楚国造了可以用来攻城的云梯，这也就是我们今天消防云梯名称的来源。云梯，顾名思义，形容梯之高，简直能够登到云里去。有了云梯，军队就可以方便攻入别人的城里了。云梯造成之后，楚国就要拿云梯去攻打宋国。墨子听到了这个消息，连忙从鲁国赶到楚国去，花了十天十夜抵达楚国国都郢，见到了公输盘。

墨子先用道理说服了公输盘，让公输盘认识到不应该攻打宋国。然而公输盘没有办法阻止楚国出兵，于是墨子又去见了楚王，告诉楚王攻打宋国“必伤义而不得”，也就是既不符合正义道理，也打不赢。楚王回应：“你说得很好，但是公输盘已经帮我造好云梯了，一定可以把宋拿下来。”

“于是见公输盘。子墨子解带为城，以牒为械，公输盘九设攻城之机变，子墨子九距之。公输盘之攻械尽，子墨子之守圉有余。”于是墨子在楚王面前再会公输盘，解下衣带代表城墙，用筷子代表攻城的云梯，公输盘反复多次用云梯进攻，都被墨子挡了下来。公输盘使用云梯的方法穷尽了，墨子防御的手段还没用完。

“公输盘诎，而曰：‘吾知所以距子矣，吾不言。’子墨子亦曰：‘吾知子之所以距我，吾不言。’楚王问其故，子墨子曰：‘公输子之意，不过欲杀臣。杀臣，宋莫能守，乃可攻也。然臣之弟子禽滑厘等三百人，已持臣守圉之器在宋城上而待楚寇矣。虽杀臣，不能绝也。’楚王曰：‘善哉！吾请无攻宋矣。’”

公输盘不得不屈服了，然而他补了一句话：“我知道对付你的办法，只是我现在不讲。”墨子也回应他：“我知道你要用什么办法对付我，但我现在也不讲。”这两个人都不讲，一旁的楚王可急了。他问这到底是怎么回事，墨子才解释：“公输先生想的，其实不是什么了不起的办法，不过就是把我杀了，以为这样宋就无法抵抗楚的进攻了。然而我的弟子禽滑厘等三百多人，已经带着我设计的防御器械，在宋城墙上等待楚军了。杀了我，也无法消灭宋的防御力量。”听到这里，楚王也认输了：“真厉害啊，我决定不攻打宋了。”

这是个精彩的故事，《战国策》《吕氏春秋》《说苑》里都有转载。同时这个故事为我们提供了判定墨子时代的重要线索。公输盘曾经出现在其他东周文献里，搜集这些史料，我们可以大致考订公输盘的年代，再用公输盘的年代来推断墨子生活的年代。

另外一条线索，是《墨子·鲁问篇》中有一段“墨子见齐大王”的记录。“齐大王”是齐太公田和，田和从世卿以至篡齐，这是东周时的大事，有很多相关记载，可以有更明确的时代年份供参考。

靠这些材料，经过反复考证，墨子应该是生于公元前 480 年左右，在公元前 400 年左右去世。也就是说，他比孔子稍晚，孔子去世前后，墨子诞生。

05

墨子的出身并不高贵

墨子究竟姓甚名谁，现在也不是很清楚，历来有许多不同说法。比对史料，看起来较可信的，是他姓墨名翟。但“墨”字也有可能是他的称号，因为他曾经受过墨刑，脸上留有因罪而刺青的永久痕迹。会受墨刑惩罚的，当然不太可能是贵族阶层，而下层平民本来就没有固定的姓氏，于是被冠以“墨”字作为称号，甚至进而以“墨”为姓，是极有可能的事。

《史记》说墨翟是“宋之大夫”，但在东周的文献中，我们找不到任何证据证明墨翟具备大夫贵族身份，也无法确认他是宋国人。前面所引的《墨子》内容虽然说墨子特意跑到楚去阻止楚军伐宋，然而兼爱、非攻是墨子的核心主张，他呼吁大家将别人的家视为自己家，将别国视为自己的国，而且精研防御之术，又是他落实“非攻”理想的手段，考虑到这样的背景，我们实在无法只凭这条记录就认定他是宋国人。

春秋开始有了人民迁徙流动的现象，到战国更加普遍。战国时各国之间的竞争焦点之一，就是争取甚至抢夺人民。没有足够的人民，就没有足够的劳动力，也没有足够的兵力。原来的封建秩序对于贵族的牵制规范力量大于平民，封建秩序动摇瓦解过程中，平民也就比贵族更早脱离旧有的社会纽带。

春秋时，显然已经有了国籍身份流动的下民。卿士大夫有封地、有官职，所以有明确的国籍。可是光是孔子及其弟子就有很多出身在此国，却到彼国任职服务的。不具备贵族身份的下民，在动乱中从这国迁到那国没有太多身份牵绊，也没有必要一定保留原有的国籍。

史料上无法确认墨子的出身所属，和他非贵族的背景是相符合的。他应该是春秋战国之际社会流动的产物，没有传统的贵族身份，却在动乱中学得了知识与技能，借由他的知识技能，往上流动穿梭游走在各国贵族统治阶层间。他到过鲁、宋、齐、楚、卫等国，然而没有任何一国可以确证是他的出生地。

《左传·庄公十年》中有曹刿的故事：“曹刿请见。其乡人曰：‘肉食者谋之，又何间焉？’刿曰：‘肉食者鄙，未能远谋。’”为了准备和齐人打仗的事，曹刿请见鲁庄公。曹刿是什么样的人？后面这两句话为我们解释了。他的同乡劝他不要去，理由是：“打仗是有地位的人的事，你去跟人家搅和什么？”“肉食者”在当时原本并没有轻蔑、贬抑的意思，是用来指称大夫以上，有身份有地位，可以不用到七老八十就有资格吃肉的贵族。从这句话我们了解，曹刿甚至连大夫都不是，顶多是个“士”，地位很低，乡人才会用这种话讽刺他，说你哪有那样的地位去管这种大事啊！

曹刿没地位，却有自信。所以他说：“那些高高在上的人，眼光短浅，不能深谋远虑。”经他这么一说，经《左传》这样记载，“肉食者鄙”才在后来变为成语，我们今天才会看到“肉食者”这个词就觉得是有贬义的。

曹刿没有大夫的地位，却如此看不起大夫，这不是原来封建秩序的规矩。还有，他连大夫的地位都没有，却主动去求见国君，国君竟然也见了，这也是破坏封建秩序的醒目现象。我们在这里看到了春秋时期突破阶级壁垒，以能力取才的新倾向。

墨子比曹刿更进一步，他的游说服务对象不限单一国家，而是和孔子一样周游列国，但他周游列国的目的、立场，和孔子恰恰相反。孔子要帮助各国国君恢复封建礼仪秩序，墨子却主张各国国君应该摒弃封建习惯，改采新信仰、新做法。

06

对历史解释权的争夺

墨子明显对于封建体制抱持着批判、敌意的态度。他和孔子面对同样的时代困局，两个人提出的回应之道却截然不同。孔子崇尚西周，致力于挖掘周文化的底蕴精神，期待借由恢复这份人文精神，来解救时局。墨子却从来不属于封建贵族阶层，对孔子念兹在兹的西周文化并无切身浸淫，更无感情，因而从外在于这套封建秩序的角度，察觉到封建秩序内在的缺点才是动乱的根源。对墨子来说，只有更激进地扬弃封建秩序，才能平息动乱。

封建秩序建立在“亲亲”的架构上，依照亲属关系远近来决定人与人之间的相待之义，墨子就提出了与此彻底相反的“兼爱”，每个人爱人如己，爱邻人如同爱家人。封建秩序借由丧葬礼仪来确认、强化代与代之间的上下传承关系，墨子就主张“节葬”，打破对于丧葬的重视。封建秩序利用音乐宴饮来强化彼此关系互动，墨子就要求“非乐”，视音乐为奢侈浪费。

出于这种反封建、反周文化的立场，墨子心目中的历史榜样，当然不会是孔子最崇敬的周公，或文王武王，而是夏禹。一方面，夏的时代早于周，距离想象中的古代盛世更近；另一方面，夏禹最重要的功绩是治水，是劳动，是三过家门而不入的刻苦精神。

《庄子·杂篇·天下》如此描述墨家：“不侈于后世，不靡于万物，不晖于数度，以绳墨自矫，而备世之急。古之道术有在于是者，墨翟、禽滑厘闻其风而说之。”不教后世奢侈，不浪费万物，不受既有礼仪法度眩惑，以严格的规范不断自我矫正，来解救世间的急难。古代有强调这方面的主张，墨翟、禽滑厘听到了就心悦诚服。

然后写道：“墨子称道曰：‘昔者禹之湮洪水，决江河而通四夷九州也。名川三百，支川三千，小者无数。禹亲自操橐耜而九杂天下之川。腓无胈，胫无毛，沐甚雨，栉疾风，置万国。禹大圣也，而形劳天下也如此。’使后世之墨者，多以裘、褐为衣，以跂、蹻为服，日夜不休，以自苦为极。曰：‘不能如此，非禹之道也，不足谓墨。’”

墨子将他的理想推源到禹，盛赞：“从前禹为了治洪水，掘开了长江黄河，让水路将四境边远地带和中原九州彼此贯通。主要河川三百条，次要支流三千条，更小的不计其数。禹亲自操持着畚箕锄头，反复汇合疏通天下河流，劳苦到大腿无肉，小腿无毛，淋着大雨，顶着大风，开辟出众多可以居住的土地。禹是个大圣人，都还为了天下人而如此辛苦。”

因而后来的墨者大都用最原始、最粗的原料做衣服，配上木屐草鞋，日夜不停地工作，以受苦为最高价值。他们说：“如果不劳动受苦，就不算遵行禹的原则，不配称为墨者。”

墨子援引夏禹来压制周文化，这是春秋开始的“崇古”潮流的另一个明显例证。司马谈（司马迁的父亲，在司马迁之前担任汉代的太史）的《论六家要旨》中则如此描述墨家：“墨者亦尚尧舜道，言其德行曰：‘堂高三尺，土阶三等，茅茨不翦，采椽不刮；食土簋，啜土刑，粝粱之食，藜藿之羹；夏日葛衣，冬日鹿裘。其送死，桐棺三寸，举音不尽其哀。教丧礼，必以此为万民之率。’”说他们也崇尚尧、舜之道，只是他们对尧、舜美德的描述，都专注在节俭方面：“房屋只盖三尺高，地基也只有三阶，屋顶以茅覆盖，不加修剪，梁柱也直接采用木头，不加削刮。盛饭的簋和盛羹的刑，都是用陶土简单烧成的。吃的是粗米，喝的是野菜羹。夏天穿麻布衣，冬天披鹿皮。人死了，只用三寸厚的木棺，也没有繁复哀戚的丧礼。将这种简朴的丧礼当作万民的模范。”

照司马谈的说法，那么墨者除了夏禹之外，还引用尧舜作为他们的权威。但他们看重尧舜的，不是圣君贤王的成就，而是因为尧舜比夏禹还更古远，理论上生活更加古朴，没有任何周人所重视的礼仪与装饰，符合墨家节俭的主张。

我们在这里隐约看到了春秋时期的一种历史诠释权的争夺。儒家也推崇尧舜，为了和儒家抗衡，墨家不是去否定尧舜，而是用自己的价值立场，重建了一套适合他们使用的尧舜形象。这种以不同历史诠释来进行自我理念的宣扬竞争，到了战国更加普遍，为了现实需要，大家纷纷往上往前诠释各种历史说法，造成了中国古史上复杂的纷乱现象。

成于战国后期的《庄子·杂篇·天下》和成于汉初的《论六家要旨》，都还保留、突显了墨家主张和周代封建文化之间的紧张对立关系。

07

墨家的主张非常特立独行

墨家从一开始就是一个组织，而且是带有秘密性质的组织。秘密，一方面源于他们的出身；另一方面也源自他们的主张。墨子、墨家主张“非攻”，要取消战争，这是那个时代的国君很难接受的；更糟的是，他们还主张“兼爱”，对于所有的人一视同仁，换句话说，要取消上下差异，这就更难让国君及贵族接受了。

自觉其不同于国君及贵族的立场，墨家的目的——不同于孔子与儒家——不在说服国君与贵族，而在集结非贵族立场的人，反抗贵族。他们建立了一个严密的组织，用实际的行动到各国去破坏战争、阻止战争，因而今天留下来的《墨子》，其性质也不同于其他各家著述，主要的读者对象不是国君、贵族，而是组织内部的成员，要建立他们的信念，说服他们相信反对战争的正当性。

《墨子》不是一本单纯、统一的书籍，而是混杂了好几个不同的部分。若是要探讨、理解墨翟的思想与价值核心的话，那么一般认为从目录上第八篇的《尚贤上》到第三十七篇的《非命下》是最重要的。这中间有七篇缺漏，所以总数是二十三篇，包含了墨子最重要的十个主张。

这三十个篇目，在目录上极为整齐，按照顺序罗列了“尚贤”“尚同”“兼爱”“非攻”“节用”“节葬”“天志”“明鬼”“非乐”“非命”共十个主题，每个主题又各分为上、中、下三篇。我们有理由相信，这部分是经过最严谨编辑的，可能也是最早成书的。其他部分很可能是之后才陆陆续续增附上去的。

这三十篇，同时也有着很明显、很统一的风格，一眼就能辨识。其风格和此前的经典，如《诗》《书》《左传》《论语》都大异其趣。以《兼爱上》的开头为例：“圣人以治天下为事者也，必知乱之所自起，焉能治之；不知乱之所自起，则不能治。譬之如医之攻人之疾者然，必知疾之所自起，焉能攻之；不知疾之所自起，则弗能攻。治乱者何独不然？必知乱之所自起，焉能治之；不知乱之所自起，则弗能治。”

这样一段话，语法简朴，而且充满了重复。话中的信息只是——圣人治天下，先要了解乱的原因，我们用大白话讲，都只需要这么少少几个字就讲完了，《墨子》却正面说一次，反面说一次，然后再以医生治病为例，正面说一次，反面说一次，还没完，接着又设问“治乱者何独不然”，把完全一样的话，又正面说一次，反面说一次。

是的，我们还真的没在此前的古文中遇到这么直白却又这么啰唆的写法。《论语》很早就取得了崇高的经典地位，历来经过多次校正传抄和比对批注，所以文本相对干净明晰，没有太多错简窜乱造成的阅读困扰。《墨子》从汉朝之后就落入边缘地位，因而文本中有很多歧字错字，也有窜乱的句子或段落，不过整体而言，我们还是不难读懂书中大意，主要就靠这种既直白又啰唆的文体。《墨子》书中不会有连续的奇字僻字，就算穿插出现一两个，我们几乎也能借由上下文解读出其意思。《墨子》书中出现了看不懂的句子，别担心，几乎毫无例外，其前后一定会有表达同样意思的反复句子，稍一比对，我们也就了解那个看不懂的句子在说些什么。

08

《墨子》的行文风格和辩论技巧

我们可以从两个角度看《墨子》的行文风格。一个角度是，这或许反映了墨子的出身，及其言谈的对象。墨子不是传统王官学中受了六艺（礼、乐、射、御、书、数）完整训练的人，对于典籍没有那么充分的掌握，因而他少用引经据典，他的文字也没有那么复杂。他宣讲的对象，可能也不是像孔子心目中理所当然同样受过王官学教育的国君与卿士大夫，而有不少往上流动的新兴阶层，和墨子有类似背景的人。面对这些人，墨子的重点是将几个重要的理念，尽量有效地传递给他们。

第二个角度是，《墨子》所要记录的，不只是墨子的理念，还要捕捉他说话论理的风格。紧紧把握一个核心理念，铺陈其因果，不随便离题，这是墨子采用的一种论理策略。绕着核心理念，不断反复举例，并且从正反方向来回诉说，这是墨子采取的另一种论理策略。这除了是墨子说话论理的特色之外，很可能也是他刻意选择的雄辩方法。

《墨子》书中有《经上》《经下》《经说上》《经说下》《大取》《小取》六篇，一般统称为《墨辩》。从时代看，《墨辩》成文应该较迟，晚于墨子的时代；从内容看，《墨辩》是一套逻辑学、论理学，探讨该如何推理、辩论才最有效。从《墨辩》看，我们有理由相信，墨子本身应该就对论辩有着自觉的兴趣，所以才在后来的墨家中，衍生出这样一套说法来。

《墨辩》六篇，是方法论，重点不在主张什么，而在于整理、教导如何呈现主张。这六篇虽然收在《墨子》中，但和墨子、墨家的思想，关系不是那么密切，反而和后来发展出的名家有更清楚、更明确的渊源。《小取》中说："夫辩者，将以明是非之分，审治乱之纪，明同异之处，察名实之理，处利害，决嫌疑。"这样的语言、这样的意思，我们可以在《公孙龙子》中一再看到。《经上》中讨论的"同——重、体、合、类"和"异——二、不体、不和、不类"，也近似名家的种种诡辩逻辑。

墨子、墨家开始了对于"辩"的追求，试着归纳、整理"辩"的逻辑原则，这套方法论后来独立出来，成了名家。再后来，"明同异、察名实"的方法又被法家沿袭，用来梳理法的规范，这是中国古代思想史上曲折变化的一条重要脉络。

"辩"和"论"是有微妙差别的。我们可以通过比对《论语》和《墨子》的风格来理解。《论语》是孔子针对各种事件、各种问题所给予的答案，直接给出是非善恶对错好坏的道理评断，这是“论”。“论”的核心是评断，孔子给了他的评断结论，但没有给推论过程或背景，因而读《论语》，我们一方面要尽量设法重建过程与背景，另一方面要动用自己的生命经验与观察，来和孔子的评断互相比对、互相冲击。然而，“论”有其坏处，那就是这些评断结论很容易被挪用在与原本过程、背景大不相同的方向上，改造甚至扭曲孔子的原意。

战国时代的一大特征，是“辩”取代了“论”，成为人说话、表达的主流。“辩”来自多元、冲突的意见、立场，人与人对话时的共识基础越来越薄弱，你说你的，我说我的，你有你的立场，我有我的立场。说话、表达时，我再也无法简单地假设，我们之间对于某些事、某些价值有着必然的共同看法，所以可以省略不说，只讲出我所得到的智慧结论就好了。

意见的相左，人与人的争执，再加上国与国之间的合纵连横策略，纵横家随之兴起，于是主张能否说服人，就牵涉了巨大的利益，也牵涉了国家的强弱存亡。现实的情势，造成“辩”的流行，更带动了对于“辩”的种种讲究。“辩”是一套说服的方法，要告诉人家你如此主张，为什么如此主张，为什么对方应该同意、接受你的主张，到后来，还要预先准备回答对方可能会有的质疑，动摇、推翻相反的主张。

旧的王官学传统中，没有“辩”。《尚书·盘庚》记录了盘庚对族人说明应该迁徙的种种理由，不过盘庚的说法毕竟还是建立在强烈的威胁基础上的。《诗》《易》《礼》等其他文献中，都是用明确口气诉说、规范的，那是一种“真理言说”的模式。

《墨子·兼爱上》全篇内容，如果换作孔子，用《论语》中的形式来说，这样一句就说完了：“子曰：‘天下之乱，皆起不相爱；使天下兼相爱，治矣。’”但墨子不这样说话，或者说他没有采取这种真理姿态说话，他用的是“辩”，而非“论”的方式。

从这个角度看，墨子是之后波澜壮阔的“中国大雄辩时代”的先驱者，最早开始试验用铺陈因果、反复罗列例证的方式来说服别人，也就是《墨子·大取》中说的：“以故生，以理长，以类行也者。”“夫辞以类行者也，立辞而不明于其类，则必困矣。”前一句说明论辩的模式——要站在因果的基础上，把道理衍生出去，并且提供例证。后一句更强调例证的重要，如果不能多方举证，就无法让自己的论理走得通了。

09

墨子的思想

墨子主张，要停止战争，最彻底的解决方法是兼爱。依照墨子的理论，“兼”对应于“体”，“体”是部分，“兼”则是全部。兼爱就是爱所有的人，而只有无差别、一视同仁，才能够爱所有的人。无差别的爱，就是对待别人像对待自己，我们不会伤害自己，若一律爱人如己，我们也就不会伤害别人了。

战争始于对外、对他人的攻击性。要非攻，抑制乃至取消攻击性，最好也最彻底的方法，便是让每个人用对待自己、爱自己的方式去对待所有的人。怎么能够爱别人如爱自己？想清楚了你就知道，这是最符合自身利益的状况。你爱别人，别人都爱你，这样你既不必担心被伤害、被侵夺，还能够从每一个人那里得到保护与利益。

墨子说的兼爱，因而是一个巨大的命题。不是鼓吹任何一个人去扩大善心爱别人，而是一个乌托邦式的想象，在这样的世界里，每个人都爱别人如爱自己，于是每个人都同时获得了其他所有人的爱，是一种对所有人最好、最理想的选择。

但这样的理想情况有可能实现吗？和现实有什么关系吗？在现实中，要如何保证我兼爱别人，别人也会兼爱我，而不会是我单方面付出却无所获呢？墨子说："天"是终极保证，"天"是有意志的，"天"有好恶，而"天"的意志要人兼爱。兼爱不只是一种道德上的要求，背后有"天志"，上天的意志与力量在支持。

墨子的"天志"并不是将"天"想象为意志神，像《圣经》中的上帝那样有意志，会干预人事，将其意志加诸人身上。墨子的"天"承传自周文化，和"天命"概念中的"天"基本上是一致的。只是他主张，"天"最重要的倾向、选择，就是兼爱，人无差别地互相对待，从兼爱中得到绝对的和平，也就是以"天"的超凡地位来保障和平才是对的，战争是错误的。这是战乱时代很容易产生的和平向往。

以天志来保证兼爱，就使得墨家不是一个单纯的思想派别，而带有浓郁的宗教信仰色彩。天志不是逻辑上的产物，必须诉诸信仰；更重要的，要靠信仰才能将天志建立为抵挡不同怀疑的理由，阻却理论上的追究。

例如，如果天志意欲兼爱，那为什么这个世界的现实却不是兼爱？出了什么样的问题，使得天志被阻挡而没有成为现实？要如何消除阻挡天志的因素，完成天志所意欲的兼爱？

墨家没有解释天志为何未能实现，为何被阻挡了，不过他们清楚地指出，妨碍天志的主要力量——差别心，也就是封建制度赖以维系的那一套身份。换句话说，礼是使得人不兼爱的元凶。

墨子批判礼，而且主张“非乐”，认为礼、乐都是不必要的奢侈。这显然反映了平民阶层的朴素判断，他们没有那么多资源可供使用，当然会优先将资源保留在维持生存方面，对于无关生存的花费，都视为浪费。

然而墨子对礼、乐的批判，还有更深刻的一层意义。这种奢侈，而且是对外显露、炫耀式的奢侈，来自不平等，彰示不平等，进而强化不平等，合理化不平等。不平等，尤其是被合理化、视为理所当然的不平等，正是兼爱最大的敌人。礼和乐突显了由身份而来的距离和等差。

墨子特别强调的尚贤，也是特别针对反封建身份提出的原则。尚贤的前提是不考虑身份，去除身份的差别后，只看个人能力，将能力置于身份之上。这也就联系到“尚同”的原则，既然要尚贤，也就意味着要分别人有贤与不贤，不会一视同仁，因而“尚同”的“同”是有针对性的。一方面，“同”是要取消来自封建身份，来自礼、乐的“分”，也就是取消原有的贵族阶层待遇。另一方面，这“同”是要所有的人认同天志，没有异议地统合在天志之下，追求兼爱，创造非攻的和平环境。

10

儒墨之争与墨家在历史上的隐匿

墨子明确地将战争与贵族身份联系在一起，背后潜在却清楚的逻辑是：你们这些贵族，为了你们的利益贪婪地争夺，发动了那么多战争，将这么多人拖下水；要终止战争，最有效、最彻底的办法，就是取消贵族，尤其是从根本上取消源自身份上下划分而产生的利益追求；当所有人都一样，都对别人一视同仁时，你的就是我的，我又何必羡慕你、抢夺你的呢？反过来，我有的你都有，你也就自然不会羡慕我、抢夺我的了。

这样的想法，当然对于身陷战争痛苦中的平民有很大的吸引力，其中一部分人信奉墨子，加入这个团体，形成了墨家。而他们在论理上、在立场上最主要的对手，就是儒家。

儒家建立在对待封建秩序的积极态度上。儒家的核心价值是维护封建秩序，致力于恢复封建秩序。孔子以后的儒家，必然和传统王官学有着密切关系，必然肯定王官学留传下来的诗、书、礼、乐，必然强调身份带来的行为规范。墨家不吃这一套，非贵族的背景，使得他们不只对王官学陌生，甚至还带着强烈的敌意。他们不受封建制度与王官学囿限，独立地设计、想象了一个解脱现实痛苦的乌托邦，因而，从形成到推广这套乌托邦图像，墨家一定要对儒家、对孔子提出尖锐批判。

其实不只是墨家反对、攻击儒家，儒家也一路反对、攻击墨家。雄辩滔滔的孟子，以“辟杨墨”为其主要的雄辩战场，不断指名反驳、攻击杨朱和墨家。墨家在推广过程中，遇到的最大阻力，也来自儒家。

延续了几百年的儒墨之争，最终当然是儒家争赢了。比输赢影响更大的，是儒墨之争所留下的深刻影响。到汉代，当儒家取得正统的思想地位，作为儒家主要大敌的墨家，可就倒大霉了。从司马谈到司马迁，父子两代的时间中，儒家在汉武帝政治力量庇护下地位大幅上升，于是父亲司马谈对墨家的认识，到了儿子司马迁这时就快速散佚弱化了。墨家在独尊儒术的环境中大败撤守，遭到了最残酷的冷落、遗忘。

有一千多年的时间，墨子、墨家在中国历史上缺席了，空留名字而已。没有人读《墨子》，更没有人了解墨子的思想。一直到清代，考据学兴起，在普遍的崇古考据热潮中，由“考经”而“考子”，墨子其书、其思想才作为子学的一支被重新挖掘出来。

孙诒让的《墨子闲诂》是划时代的作品，千年之后终于使得

《墨子》重新成为一本可读的书。最难得的是孙诒让校注了《墨子》全书，包括《墨经》，还原了部分逻辑推论和部分数学、物理知识，建立了比较全面的墨家知识体系。

11

同一本书里有两种风格

墨子的生平大约跨过春秋和战国时代，《墨子》一书显然不是他自己书写的。《墨子》中提到墨子时，一贯称之为“子墨子”，看起来应该出自门生后人的追记。墨子的思想应该先是在墨家的团体中流传，到墨子死后才被正式记录下来并对外流传。

《墨子》成书，应该和战国中期的知识风气有关。首先，百家争鸣的气候已成，封建信念风雨飘摇，墨子打破贵族身份区分的主张，听起来不再那么离经叛道，没有那么激烈、那么危险了。其次，战国中期各种言论思想的竞争更加激烈，雄辩大行其道，必须要讲究论辩表现方式，才能让自家的想法能够压倒别家，从而说服更多人，获得更多的支持与更大的影响。

在这样的状况下，墨子的思想从原本在墨家团体中秘密流传，转而对外公开。公开的好处是可以散布得更广，可以赢来更多的信徒。不过，公开也必然会带来更多更猛烈的批评、反驳、攻击。由秘密到公开，墨家也就不得不卷入那个时代最热闹的言论竞争中，进而不得不发展出自身的辩术。

《墨子》书中阐述墨子理念，以“子墨子曰”开头的部分，都很容易懂。但一翻到《墨辩》就像打开天书一般，简直不知该从何读起。为什么在同一本书里，会有那么不同的两种风格？

《墨辩》不只是内容，就连形式都和《墨子》其他部分大不相同。《墨辩》中《经上》《经下》《经说上》《经说下》四篇，其命名采取了一种来自传统经书的形式，通常只有几个字，顶多一句话的“经”，以及稍微详细些解释“经”的“说”。“经”与“说”是彼此配合的，将“经”和“说”对应起来，就会是这样：“（经）不能而不害，说在害。（说）举不重，不与箴，非力之任也；为握者之觭倍，非智之任也。若耳目异。”（《墨子·经说下》）

这样的行文风格、这样的内容，和战国名家很接近，一度有人主张《墨辩》根本就是后来名家文献不小心被窜录其中的，不是墨家的东西。必须要再花很大力气考证与探求，才能够还原《墨辩》的意义与定位。

《墨辩》是一套复杂且严谨的逻辑学，从严格定义经常用到的字词出发，终至统合由这些字词表达的概念。例如“经”中说：“久，弥异时也。”这是对“久”，也就是对时间的定义。“经说”解释：“久，古今旦莫。”意思是“久”（时间）包纳了古往今来所有的旦暮日夕变化。另外“经”中说：“宇，弥异所也。”“经说”

解释："宇，东西南北。"用同样的方式定义"宇"，也就是空间。空间就是东西南北的总和。

然而《墨辩》的用意不仅止于定义，更重要的是借着同样的方式描述"久"和"宇"，将时间和空间的概念统合起来。当我们从东边到西边，进行空间的运动，感受到空间的存在，但别忘了，使得这样的空间移动成为可能，还需要时间。在空间中移动，必然同时牵涉时间里的移动，这是时间与空间最具体的联结。

要让人们理解时间与空间的统合性，《墨辩》里就用了"坚白"作为对照。这里有一块白石头，当你运用视觉看到"白"时，其实你并不知道石头是硬的，要用触觉才能感受"坚"，这叫作"坚白异"。然而，当你看着白石头，那石头的"坚"并不会因为你没有摸到就消失，"坚"一直是石头的特性，一直存在于石头中；同样，当你闭起眼睛摸石头时，你感受到石头是硬的，却感受不到"白"，但石头的白色不会因为你没看到就消失。从这个角度看，这又成了"坚白同"。

"坚白异"或"坚白同"，要看你是从感官的角度看，还是从物性的角度看。时间与空间其实也是如此，从一个角度看，时间与空间是分开的；换另一个角度看，时间与空间总是在一起。

说到"坚白"，就让人联想到惠施、公孙龙子一类的名家，因此而有了《墨辩》是名家文献窜入的主张。不过仔细考证分析，我们有理由相信《墨辩》内容的诞生早于名家，而且在根本用意上，《墨辩》之"辩"，不同于名家之"辨"或"辩"。

12

《墨辩》是为了阐述兼爱学说

《墨辩》里的一项重要之辩，在于讨论“体”与“兼”。依照《墨经》中的定义，“体”就是“部分”，“兼”就是“整体”“全部”。从常识来看，“部分”属于“全部”，如果将“部分”从“全部”中拿掉，那么“全部”就有缺，也就不再是“全部”了。

然而《墨辩》却要指出，“体”和“兼”的关系远比常识认定的复杂得多。例如说“火是热的”，讲的是所有的火都是热的，那是火的“全部”，但我们怎么可能去体验所有的火呢？我们能够体验的，必定是火的“部分”，但却可借由“部分”而得知“全部”，这是近似于“归纳法”的推论。

又例如“马”是全部，“白马”是“马”的“部分”，全体的“马”是由所有各种不同颜色的马加在一起构成的。但是换另一个角度看，“白马”既然是“马”的部分，那么“白马”就不等于“马”，“马”这个概念里包括了许多不是“白马”的部分，不能将“白马”和“马”——部分和全部——等同起来。也就是“白马不是马”。

为什么进行这样的讨论？这不是语言和概念上的游戏，故意混淆视听吗？对创作《墨辩》的墨家来说，这绝对不是游戏，而是他们为了贯彻极端乌托邦理论不得不与常识进行的搏斗。“白马非马”之论，目的不在马，而在类推出“杀盗非杀人”。“盗”之于“人”，就像“白马”之于“马”，都是部分和全部的关系。既然“白马非马”，那么“杀盗匪”也就和“杀人”不会是同一回事。

用这种论辩，墨家要回答别人对于“兼爱”所提出来的质疑。要爱别人像爱自己，你不会杀自己，因而兼爱就不能杀别人，那有了盗匪怎么办？也不杀盗匪坐视他们为非作歹吗？墨家用这种“辩”推论出：杀盗匪并不违背兼爱，因为盗匪不等于“人”，杀盗匪也就不等于“杀人”，也就没有触犯“不杀人”的禁令。

仔细看就会明白，《墨辩》之所以热衷讨论“体”“兼”，当然是为了在战国愈发激烈的言论竞争中守护墨家最根本的主张——兼爱，甚至就连关于“坚白同”“坚白异”的讨论，都有诠释、强化兼爱理念的作用。这整个人世就像一颗石头一样，是一个整体，各种不同的性质都包含在里面，是分不开的，只是因为诉诸不同的感官，而让人错觉有“坚”“白”的差异。石头里“坚”离不开“白”，“白”离不开“坚”，“坚白异”只是假象，就像人与人之间的身份等差别，那些使人不相爱而互相攻击的原因，也是假象。

这些出于论辩需要而形成的讨论，在墨家内部、在《墨辩》中是被极度认真对待的，绝无游戏态度。然而这样的论辩路数挑战常识，很容易吸引人注意，带着表演的潜力，于是到后来，名家就刻意加强这些讨论的诡异之处，将之和实际的主张脱离开来，成为一套纯粹的名理之学，尤其刻意突显种种乍看下不合理的诡论，转化为诡辩的游戏了。

13

总结：墨家的奇特旅程

墨家原本起自庶民阶层，其创立者甚至可能是个“刑余之人”，因而墨家的想法与主张也是最朴素的：相信最直接、最简单的平等，诉诸天志的威胁，更重要的，是和封建秩序的贵族观念彻底区别开来。然而到了战国中期，以秘密组织开端的墨家进入了热闹的公开言论领域，也就必须找出新的方式来表达他们的理念与主张。

新时代、新环境下，原来对于庶民有说服力的天志，很难在激烈的公开辩论中取得优势，反而成了墨家思想中的弱点，别人的攻击对象。于是墨家进行的一项调整是发展了新的概念来补充，甚至是取代天志，不再强调“天”的意志是兼爱的保证，转而论证万物一体，时与空无法分开，坚与白也无法分开。这样的想法和战国时期兴起的道家，尤其是《庄子》的思想有了近似之处。

同步进行的另一项调整，则是发展出细腻、复杂的逻辑推论法，回到根本语言定义上寻找兼爱主张的新基础，如此开拓出来的新领域，后来就由名家继承了，进而也在名家手里丢掉了实质的人生与社会主张，变成了单纯的论理思辨，甚至带上了不羁游戏的色彩。

从最庶民、最现实的关怀出发，要求打破所有不切实际的礼与乐，经过一两百年的变化过程，这样的墨家竟然发展出了表面上看起来最不切实际，一直在语言与逻辑中打转的《墨辩》，还从这里引导出战国诸子百家中最远离现实、最少有现实关照的名家。

这是墨家经历的奇特旅程。维持不了庶民朴素的本性，墨家参与战国的言论混战中，对于“辩”有了具体、突破的贡献，却也在这过程中离开了为庶民代言的原始角色。从秘密团体转型为一个派别，墨家也就失去了行动的活力，种下了之后两千年没落到被遗忘的因子。

第 四 讲

《楚辞》与独特的楚文化

01

不同时代国的含义不一样

中国文字延续使用两三千年，在历史的理解上往往带来难以察觉的问题。例如，看到“国”这个字，我们都认为自己认得，知道其意义，并以我们知道的意义投射回出现这个字的古文献上，以至于忽视了这个字在历史中会有变化，不同时代的国，可以指代很不一样的内容。

今天我们提到国，想到的是中国、美国、英国或俄罗斯等有一大片疆土、有很多人口，还有复杂政治体制的地方。国是世界秩序中的主要单位，有其内政还有其外交关系。源于这样的现实认知，看到古文献里的国，我们经常不自觉地将之想得太大。

西周封建制度刚建立时，一个国基本上就是一座城，城的边界约一千米到十千米长，加上围着城的一片被称为“野”的农林区域，如此而已。“国”（國）这个字的关键就在于象征着围墙的外面那一方圈和里面的“或”。“或”，我们今天念作 huò 的，标示“国”字的发音。国是封建制度下的一个基本单位，每多分封一次，就多建一座城，多一个国。一直到春秋时期，究竟存在多少国是绝对数不清的，因为对于什么是国，什么不是国，没有一个明确的标准。国只是一个松散的统称，诸侯所在处称为国，有时世卿与大夫所在的封域也称为国。

事实上，也就是在春秋时期，才逐渐缩小确立国的层级，将世卿和大夫的封域排除在外，单用来指称诸侯所在之处，也才有了“国君”的说法。再进一步看，从西周末年到秦统一六国，这五六百年的时间中，国的内容与意义发生了巨大的变化，几乎没有任何时刻国是固定的，这正是春秋战国历史中最重要的现象。

简单复习一下，周代封建包括三项必要条件——赐姓、胙土和命氏。赐姓是分配一群人，作为封建的班底，让受封的人领导；胙土是指定一块特定的区域为封地，从此之后那块地就属于受封的人；命氏是给一个新的集体名称，用来称呼在那里形成新天新地的人们，后来也就同时变成了那块地方的地名。

关于这样的程序，后世产生的严重误会，是认定周天子的分封，是将已经在周人控制之下的领土分给不同的人去治理，然而周初的情况绝非如此。之所以在“三监之乱”后开始大封天下，周公的用意就是要让这些宗亲、盟友积极去占领东方区域，用这种方式有效控制周人原本陌生的广大地方。受封的人与其说是获得天子土地赐予，不如说是接受了带有高度不确定性的任务，带了一群人进入被指定的地方，负责在那里建立起有效的统治。

封建使得周人的势力快速、有效地往东推进。从中国历史的较宽视角来看，封建的另一项作用，是将原本新石器时代“满天星斗”般在各地分布的独立文明据点，统合进一个系统里，整合为一种共同的文化。

02

春秋到战国“国”的演变

成立之初，国很小，而且国嵌在庞大的封建宗法体制里，必须在封建的亲族关系、亲族纽带中才能彰显其意义，任何单一的国都没那么重要，重要的是国与国依照宗法所建构的关系。

这样的情况，在春秋战国时期有了剧烈的变化。进入战国，经历了几百年的冲突、征伐，国变得越来越少，仅存的少数几国相对也就变得越来越大，国和字面原意所指的一座城相去越来越远。国开始控有不只一座城，而是几十座城，同时也就控有了城与城之间的地区，于是国转为地理疆域式的概念，一个国占有一块疆域，国与国之间接着就有了疆域与疆域的交界。

国从量变到质变，势力范围越来越大，也就越来越形成了认同的中心，影响到越来越多的人。封建之初，国只和涉及封建过程的少数人有关，或许可以简单地说，只和贵族有关。从天子到诸侯到世卿到大夫，这些人有国，他们彼此之间有什么样的宗法亲族身份关系，他们所建立、所拥有的国就形成相应的关系网络。但这些和一般平民无关，国与国之间的礼仪往来，甚至国与国之间的冲突打仗，他们都不参与，也没有资格参与。

但到了战国时期，国越来越大，国的统治也就越来越往下层扩张。在生产上，尤其在战争上，动员的范围越来越广，于是平民（一般人）逐渐也都被纳入国的体系里来了。平民（一般人）被要求认同这个国，为国付出劳动力，甚至付出生命，国的权威朝着又广又高的方向发展。

在建立众人认同的过程中，每一个国也就有了越来越鲜明的个性。离开了原本封建关系网络，国自身所具备的特色与特质，用现代语言说就是“一国的立国精神”。对外，在新的列国形式中需要突显自身的地位，对内也需要凝聚众人的认同向心力，于是这个时期国明确从宗法网络中脱离出来，成为独立的、有个性的 entity（实体）。

国的特性、特质，与其他国的差异，原本就存在，但到了战国时期，这样的特性与差异被刻意记录下来并突显出来。

国与国的激烈竞争，导致各国差异扩大，各自的特色突显出来，这是战国的一大趋势。这个趋势产生的地域区分，有些到后来逐渐模糊了，但另外有些却从此在中国历史中存留下来，影响最深远的区分，首推南北差异。

战国时期，也有过强烈的东西差异区分。最东边的齐和最西边的秦都是大国，也都发展出鲜明特色。然而东西区分在后世有了多种变形，没有固定下来，在重要性上就远远不如南北差异。

战国竞争到最后，出现了三强鼎立的局面，秦、齐、楚是强中之强，也是一直坚挺着没有倒下的。这三国，秦和齐一东一西，楚则位于南方。大家过去对于中国地理的了解，应该有一项是750毫米等降水量线，而这条气候上的分界线，又刚好大致和秦岭－淮河自然地形重叠。雨量多寡直接影响植物生长，自然景观及农作形态都必然随雨量而改变，这是造成南北差异的根本原因。相对地，东边的华北平原，和西边的渭水平原纬度相近，雨量差别不大，在风土及物产上，就没有那么明显的区别。

不过自然地理因素无法解释历史上所有的现象，一定还有人文的作用掺杂在其中。从人文的角度分析，我们就不得不注意到在中国南北差异形成的过程中，楚所发挥的作用。

03

楚国的异类心态

明代王夫之的《读通鉴论》中，曾经特别讨论边陲区域的历史作用。依照王夫之的看法，中国历史之所以呈现一治一乱的循环，一部分原因是中原与边陲的相互作用。长治久安会使得繁荣的中原地带失去活力，变得停滞、衰败，于是四周边陲力量就相对变强，入侵中原，带来新的活力，终止了衰世，带来新的向上刺激。受到边陲刺激的中原再度兴起，到了一定程度进入了强盛期，又开始了停滞、衰败的阶段，一路走下坡到再也压制不住边陲的力量，再由边陲吹进新风。

战国时期撑到最后的秦、齐、楚三国，恰好分居中原的外围三边，而且其中两国——秦和楚——一直到战国开端时，都还带有高度的蛮荒性质，被中原诸国投以异样的眼光。都地处边陲，介于中原与化外异境交界之处，秦和楚却有不太一样的发展路线。

秦的做法是尽量模仿中原，努力争取中原各国的承认，而楚就比较强调自身与中原诸国间的差异。

《史记·楚世家》中提到了熊渠，他是楚早期重要领导者，他的重要作为包括拒绝采用谥号制度，而且他的理由很直白："我蛮夷也，不与中国之号谥。"而楚出兵攻打隋国时，隋国喊冤，说："我无罪！"意思是我又没得罪你，你干吗出兵打我？楚的回应呢？"我蛮夷也。"

回到那个时代的背景中看，隋显然诉诸封建的规矩，出兵征伐是要有特殊理由的。但楚摆明了不理这一套，他说："我不在你们这套封建规矩中，我有我自己的道理，依照我的道理，想打你就打你，不用理会你们那些封建规矩。"

这很蛮横啊！中原诸国用一种歧视的眼光看待楚，到了熊渠，他干脆就把这样的情况当作自己的发展优势，你们把我们当蛮夷，那好，我们索性就蛮到底，不承认不遵守你们的规矩。楚取得了不受拘束的行动自由。

前面提过，春秋五霸原来不叫"霸"，而是"伯"，意思是年长有权威、可以协调纠纷的人。这五个人分别是齐桓公、晋文公、宋襄公、秦穆公和楚庄王，光看名字就知道，五人中有一个人跟别人都不一样，人家的称号都是"公"，也就是周代五爵制中的最高头衔，只有楚庄王称王。王不在爵制中，本来是天子的谥号才称王，楚国僭用了周天子的名号。

这又是"我蛮夷也"的做法。其他人虽然权力很大，有"霸"

者之实，足以做当时天下的共主，然而在名义上都还是守着封建礼法，只承认自己是所有诸侯中较大、较有分量的一个，名分上仍然和所有诸侯平起平坐。但楚直接就摆脱这个系统的约束，给自己不属于诸侯位阶的名号。

楚一直抱持着这种异类心态。楚的异类心态可能是从商朝的商人那里继承而来。周代建立之初经过两度东征，都没能消灭商人原有的势力。周人采取的办法，是让一大批商遗民搬离原来的地盘，命他们往南去建立宋，再将宋纳入封建体系中，成为一个诸侯封国。宋保留了许多商文化、习俗与思想，和周文化很不一样。周文化专注于现实人世，重视宗法亲族关系，而商人有浓厚的鬼神信仰，还有对于超现实世界的恣意想象。宋的地理位置接近楚，其文化性质也比较接近南方，而和周文化有所区别。

04

《楚辞》的特殊性

对比《诗经》和《楚辞》，光是看表面的文字运用形式，就很容易感受到其间的差别。字句的长短、排列，以及用韵的方法，《楚辞》都明显比《诗经》来得活泼且复杂多变。

《楚辞》的形式与风格，来自南方的语言。西汉刘向编的《说苑》里有这样一段故事，说有一个人在河中泛舟，帮他划桨的人唱起歌来，唱了半天这个人都听不懂，只好请别人帮他解释翻译。划桨的人唱的是《越人歌》，用的是南方越人的方言，难怪他听不懂。

这《越人歌》唱的是："今夕何夕兮，搴舟中流。今日何日兮，得与王子同舟。蒙羞被好兮，不訾诟耻。心几烦而不绝兮，得知王子。山有木兮木有枝，心悦君兮君不知。"乍一看，句法句型跟《楚辞》很像。

不管在每句的字数还是用韵上，《楚辞》比《诗经》自由，不仅有了衬字，还有了变化更大的长短句。大量穿插的“兮”让句子从四字加长为五字，或从五字加长到六字，对于中国古代诗歌由《诗经》的四言向更长的五言、七言发展，有极大的影响。例如“沧浪之水清兮，可以濯我缨；沧浪之水浊兮，可以濯我足”这样的写法，就开创了《诗经》没有的新形式。

更大的差别还在于用文字描述的现象与传递的感情。《诗经》中记录的，或许是男女相思，或许是兄弟情感，或许是宾客雅集，或许是庙堂之上追溯祖先来历，三百首的内容，基本上不脱人事。《诗经》作品主要构成包含了对于自然现象的描述，但自然在此是“兴”或“比”的作用，也就是用来联结、比拟、隐喻人世的种种波涛起伏。

《楚辞》的内容大异其趣。楚人和我们在卜辞与青铜器上看到的商文化一样，对于人事以外的神鬼超越现象十分好奇也相当亲近。《楚辞》清楚地显示，人所活着、所经验的这个世界，不是唯一的世界，在此之外，有和现实人世不一样的存在，在我们看不到或我们只能依稀揣测的时空里，有其他不一样的世界。世界是多数而非单一的，现实的人世只是多数中的一个。

孔子说：“未知生，焉知死？”又说：“未能事人，焉能事鬼？”也说：“祭神如神在。”基本态度是人世以外，就算不否认其存在，也不多费力去追究。单是要将人世弄明白已经太辛苦了，没有道理再去想象神鬼的领域。和神、和祖先有关系，也是人间礼仪与秩序所需，不是真正要和神、和祖先有什么瓜葛。

我们的生命来自先祖，一代代传承；人世的主要秩序依据来自先祖所构成的亲族系统，因为这样，我们有了和死去的先祖的关系，不能因为他们死去了就中断。“慎终追远”，要用仪式与文字保留祖先的记忆，也就是保留我们的生命来源，怀念祖先，保留记忆的分量，这是孔子的态度，也是周人、周文化的普遍态度。

屈原的《离骚》表达了挫折与悲愤，那当然和他在楚国的政治遭遇有关，然而《离骚》真正重要、真正特别的，不在于表达了这种政治经历，以及连带产生的痛苦悲郁，而在于这种经验与情感，是用什么形式展现的。《离骚》的“离”就是“罹”，是“遭遇”的意思；“骚”呢，则是“忧愁”的意思。于是题目的意思就明白了，这是因为忧愁而写下的作品。

更具特色的是屈原用了大量的比喻与象征，以极其缓慢的节奏，逐段铺陈延展来描述其忧愁，而且找了许多大自然的对象，来陪衬或代表其忧愁。上天入地，先是从历史来追索忧愁的来源，然后扩充到神话的领域，进而混淆了历史与神话。屈原所使用的语言也绵延跌宕、长短错落，回荡吟咏，给人留下非常强烈的印象。

《离骚》的篇幅、架构、节奏，都和《诗经》大不相同，也都是《诗经》所无法容纳的。《诗经》中也有表现悲郁痛苦的篇章，然而篇幅都短，而且说得很直接，不会产生《离骚》那样的迂曲回绕的效果。

楚文化中有着大量的祭典仪式，祭品、摆设以及神、巫的服饰，都和“香草”，也就是美丽且有香味的植物关系密切，于是“香草”也就沾染了祭典的神圣性。当屈原要突显自身的德行，标举出自己的忧愁主要源自自己比一般世人来得清醒清高时，很自然地便用了大量的“香草”作为比拟，那是从他熟悉的祭典中脱化而来的。我们可以这样说:《离骚》是楚国特殊文化与屈原特殊人格的结晶。屈原的成就，不只在于表达了自己丰富的感情，也在于他能够从楚文化特色中汲取资源，使之成为自身人格的一部分。

05

《楚辞》关心人世以外的范畴

没有特殊的楚文化，就不会有屈原的成就。《楚辞》与其说是屈原的创作，不如说是包括屈原在内的楚文化代表性精华。楚文化不像周文化那么清醒，而是有着高度的巫祝性质，生活里充满了各种对于感官的强烈刺激，最强烈的会将人带进一种恍惚的状态，似乎暂时离开了这个现实环境，陷入狂喜狂歌或激动高叫的 trance（迷幻舞曲）里。

《楚辞》的来历很复杂，绝对不可能是屈原一个人创作的。《离骚》中说："启《九辩》与《九歌》兮，夏康娱以自纵。"明显是将《九歌》视为远古传来下来的乐曲。《楚辞·九歌》一共有十一篇，除了最后的《国殇》和《礼魂》之外，其他九篇都是以神（鬼）来命名的，包括《东皇太一》《云中君》《湘君》《湘夫人》《大司命》

《少司命》《东君》《河伯》《山鬼》，逐一讲述神（鬼）的来历、故事，或形貌。这是不折不扣的神话，想象并呈现人间以外的另类存在形态。

南方和北方的巨大差异之一，在于看待万物神的态度。抬头看天上的云，觉得有云神存在，云雾扰动仿佛是神祇造成的；临大江（如湘江）便感觉到江中应该有统管一切的江神，这是当时人们普遍的反应。然而在周文化的笼罩影响下，这种反应长久停留在一种模糊感受的状态中，缺乏热情的投入与追索。人主要还是关心自身的现实问题，视物为物，和万物背后的精灵保持一定距离。

南方不一样，不管是来自宋的《庄子》，还来自楚的《楚辞》，都以更热情、更有兴趣的态度对待万物神的想象。楚人想象的云中君是“龙驾兮帝服，聊翱游兮周章。灵皇皇兮既降，猋远举兮云中”，形象具体、鲜活。楚人想象中的江神，不只有湘君，还有湘夫人。湘君是“美要眇兮宜修，沛吾乘兮桂舟。令沅湘兮无波，使江水兮安流”；湘夫人则是“九嶷缤兮并迎，灵之来兮如云”。而且不管是湘君或湘夫人，都在诗中逗引出人高度的爱恋期望，它们绝对不是抽象、空洞的名称而已。

《庄子·秋水》的开头是：“秋水时至，百川灌河，泾流之大，两涘渚崖之间，不辨牛马。于是焉河伯欣然自喜，以天下之美为尽在己。顺流而东行，至于北海，东面而视，不见水端。于是焉河伯始旋其面目，望洋向若而叹曰：‘野语有之曰：闻道百，以为莫己若者，我之谓也。’”本篇的主角是河伯，也就是黄河之神，当秋天来时，黄河河水大涨，河面宽广气派，河伯为之扬扬得意。

一路往东，到了海边，河伯一看北海，目之所及只有无尽的海面，完全看不到对岸，于是感慨自己还是视野太窄了，竟然以为自己就是最了不起的。接下来文中展开一段河伯和北海的精彩对话。

《楚辞》和《庄子》的视野中，随处都有人世以外的领域、范畴存在，而且创作者们意识到有人、有方法可以来回进出人世与那些超人世的领域。那时巫的功能之一，就是传递、交换不同领域的信息，巫的特异能力，也就来自穿越这些不同领域接收到的信息。有巫的社会里，人们自然会对现实以外的存在形态多了许多想象，这些想象融入他们的日常生活中。

在专注于现实人事的周文化里，历史再重要不过，因为当人有所困惑时，包括困惑为何我会遭遇灾厄、为何挫折缠身时，人只能够从过往的人事经验里去寻找答案。但在楚文化中，他们有更多的资源可供追索答案，他们可以并且也需要上天入地看看是不是有什么神鬼在施为。

因而，《离骚》《哀郢》《涉江》《怀沙》这四篇楚辞，我们不能只看作表达怀才不遇，未被国君信用的作品。干吗反复抱怨国君呢？为什么不能看开一点，明白人世，尤其是政治上的现实就是如此呢？不，关键在于屈原并没有将这件事单纯看作现实困顿，他反复在文中表达的，是真正的疑惑。他的“为什么”不是 rhetoric question（反问句），不是用来发泄愤怒或感慨的手法，而是真正的不解，所以要用不同的篇章来持续追问。他的问题那么大，因为他的世界不像周文化习惯的那样是单一现实导向的，他活在多重立体，神话与异界交织的环境中，所以他想得更多、更复杂。这是屈原和《楚辞》的特殊意义。

以关照人事现实为主的周文化，对于现实如何产生，为什么是这样的现实，现实以外有什么很少去追问。现实是周文化的前提，为周文化提供了沉稳的基础，但在《楚辞》里，我们明显能看出楚文化并没有理所当然接受这样的前提。《楚辞》中有一篇惊人的奇文《天问》，全篇由一百七十多个（一说一百五十多个）问题构成——通通是问题，从头问到尾，全篇没有答案。

一百七十多个问题中，有问开天辟地的，有问天文和自然现象的，有问天地间的奇异事物的，也有问神话、传说和历史的。这些问题洋洋洒洒排列下来，戏剧性地展现了浓烈的好奇心与无法轻易平息的探究冲动。

传统上学界将《天问》视为屈原的作品，主张这是屈原被放逐之后，因为心中愤愤不平，所以借着这许多问题来发泄。朱熹在《楚辞集注》里对《天问》进行阐释，基本上不单独探究每一个问题，而是把一百七十多个问题看作同一个问题的反复堆砌，那个问题才是屈原真正要问的："为什么这个世界上会有这么多莫名其妙、没有道理的事啊？"

这样的说法，很难真正对应《天问》诡奇、富丽的内容，而且把这么庞大的一套自然、神话、人文问题数据库只当作屈原的发泄、感慨，也太浪费了。《天问》是楚人从他们的多重立体世界观出发看到的众多需要解释或不可解释的现象。在《天问》中，我们得以充分察知楚文化和周文化的差异，许多被周文化当作答案、当作固定知识的现象或事物，对不那么观照现实，不断想象超越、穿越异领域经验的楚人来说都是问题。我们甚至可以进一步说：对周人、周文化而言，文字是用来展示、传递答案的，答案是重点；然而在楚人的文化态度中，问题和答案一样重要，甚至比答案更重要，将问题、疑惑罗列下来，和排比一连串不容怀疑的答案，具有同等重要的意义。

《天问》是真正的“大哉问”。周文化中的提问需要做到有问必有答，然而楚文化作品《天问》中的提问，不必得到解答。问题本身成了接近外在世界的方式，世界充满了神秘的、不可解的现象与事物，这才更接近楚人所感知、所领会的世界。在这个世界中，有一块区域是有答案的，然而在此之外，更广大的区域由问题组成。后者不只比前者广且大，而且或许比前者更重要、更有意义。

06

疯疯癫癫的楚狂人

在春秋、战国的文献中，提到宋，最常出现的形象是愚人：守株待兔的是宋人，刻舟求剑是宋人，发明了冬天手可以不冻裂的药却赚不到钱的也是宋人。提到楚呢？最常出现的形象是狂人。

《论语》中孔子就遇到了好几个南方的狂人。对孔子，狂人们一贯抱持着不以为然或嘲讽，甚至不屑的态度。他们和孔子之间最主要的差异是什么？

孔子坚持封建宗法规矩，认为人应该在这套关系网络里认清楚自己的位置，按照特定位置所要求的规范立身行事。孔子特别增添、强调的，是人不只要遵从规范，更要掌握规范背后的精神与原则，发自内心信奉这样的精神与原则。对孔子来说，人活着就是为了实现、落实礼的精神与原则，将自己活成一个理想的生命。

精神、原则高于现实，要以精神、原则来克服、改造现实。

“楚狂人”有着完全不同的选择。首先，他们不接受封建秩序的前提，他们不认为人的封建身份是固定的，具备这个身份就注定要有怎样的行为。过去封建用这种方式规定了人的身份，楚狂人更不赞同应该配合这曾经的身份去恢复已经改变了、倾颓了的封建秩序。子路遇见的荷蓧老人就讽刺孔子“四体不勤，五谷不分”，从一个农夫进行生产养活自己的立场看，孔子是不及格的。为什么你还要坚持“大夫之后”的身份？明明原本支持这个身份的那套社会秩序早就瓦解了啊！封建秩序中的贵族，理所当然是“四体不勤，五谷不分”的，凭借其身份接受农人供给，但时代改变了，那就别再活在对于过去的想象中，认清现实，顺应改变吧！

其次，楚狂人之所以被称作“狂人”，还有一部分原因是这些楚人（包括屈原）以孔子的标准来看，都是疯疯癫癫的。他们拒绝封建秩序，但他们自己的生活却也不是纯然现实的。在他们的精神世界里，真实和幻想之间没有绝对的分界线。孔子在这一点上却看得清清楚楚，即使是他如此看重的祭礼（礼之中最郑重的仪式），他的态度都是“祭神如神在”，不会轻易认定“有神在”，而是强调“如神在”，人为了树立现实生活的秩序而假定有神在。

这也是儒家是一套信仰，却绝非一个宗教的根本原因。要当宗教的教主，那么让人相信“神在”，相信有神，而且相信神可以介入人世的活动，改变人世的因果，是最有效的方式。但孔子不是这样，他是最早的现实心理学派，以心理的立场，而不是信仰的立场来看待“祭神”这件事。祭礼重要的不是碰触神、贿赂神或感动神，让神动用超越力量使得现实对我有利，对孔子来说，重要的是在祭礼中产生的敬意，对于祖先或我们无法掌握的某种力量，我们应保持敬畏之心。敬畏之心使人谦卑，同时敬畏之心也使人远离利己主义，变得更高贵。到了宋明理学中，就衍生出了“主敬”的信条，广泛探讨“敬”在人生与社会上的意义。

孔子看重人看得见、听得见的现实，相对轻视看不见、听不到的想象事物。这样的态度又和楚文化有着冲突。对楚人来说，东皇太一、湘君、大司命、少司命是他们生活的一部分，是他们赖以解释自己生命情境的不可或缺的元素，楚人和神明就活在这里面。从单一现实世界的角度看，这样的楚人当然就近乎疯狂了。

最后一个差异在于楚文化里强烈的个人浪漫好恶，和孔子所强调的自我节制修养。到了宋明理学，自我节制修养就变成了“静”。除了“主敬”之外，也要“主静”，反对“动”，突显节制、安定的重要。孔子没有要人变成一块木头，也没有像宋明理学那样要人冥想观察“气”发动之前的纯静状态，但他的确认定礼的作用就在于约束、驯服人的激烈情感反应。极端的喜怒哀乐都不是好事，会对个人和社会产生伤害，必须借礼的修养来压制、管控。

礼追求合宜的行为，换句话说，就是将自己内在强烈的爱恨好恶进行一定程度的收敛与修饰。但在南方，尤其在楚文化中，他们有比较强烈的情感反应，个性表达的空间更大些。他们没有在礼中浸润得那么深，他们也不认为个体应该屈从于集体。因而孔子也会在南方遇到说他“凤兮凤兮”的人，意思是嘲笑并惋惜他竟然放弃了自己的个性，在污浊的现实中打滚，不值得啊！孔子其实也是个性强烈的人，被这样批评时也难免心动，生出想要远离俗世发挥个性的念头，但毕竟他放不下身上的礼，放不下恢复封建秩序的使命感。

中国不是铁板一块，它一直在改变，因而我们才需要理解中国历史。中国的内在差异也一直都存在，绝非同质。南方文化的异质特色及自我认同，其实一直都在，在春秋战国封建秩序分崩离析的时代，这样的异质性才突显出来，也相应地在创造全新的“后封建”文化上发挥了巨大的作用。秦末大乱，两个最重要的领导人物——项羽和刘邦——都来自受楚文化影响的南方，他们就是楚文化不容忽视的明证。

07

中国历史上第一位文学作者

目前我们看到的《楚辞》，是汉代时经过编辑流传下来的版本。在汉景帝、武帝之时，研究、探讨《楚辞》一度是热门显学。在这段时间中，《楚辞》的内容有所扩张，《楚辞》大部分篇章是屈原作品的看法也在这期间固定了下来。

从南方、楚文化的角度看，《楚辞》中有两篇特别重要，一篇是《九歌》，一篇是《天问》，而这两篇恐怕都不是屈原的作品，比较像是楚地区流传已久的集体文本。

《九歌》可能是大型宫廷神话剧的记录，文字中保留了强烈的戏剧性，可以看出作品和贵族文化、仪式性表演有密切关系。《九歌》的最后一章是《国殇》，所以另外一个合理的猜测是，这样的神话剧和战争、出征，或战争引发的认同情绪有关。

《九歌》演绎了楚人想象、相信，乃至深浸其中的神话世界。开头的东皇太一是位阶最高的主宰神，接着是担任神界与人界沟通使者职务的云中君，然后是源自湘江的湘君和湘夫人。或许是因为河川在日常生活中和人共存且亲近，不像天空或云朵那般遥远，《湘君》《湘夫人》这两章出现了近似人神相恋的主题。和神谈恋爱并彼此思念等待的，可能不是一般人，而是有着特异能力的巫。文字中传来的极其强烈的浪漫情绪放在神话的架构里，更增添了宿命的悲剧色彩。

之后是分头掌管命运的大司命和少司命，这两章让我们探触到楚人的命运观。两位司命后又有东君和山鬼，它们是另一世界——死后的、阴晦的、躲藏的世界的闪现，代表了楚人将自然神鬼化的基本习惯。

战争带来死亡，令人不得不思考、解释生死、宿命、无常等问题；战争又建立在绝对你死我活的竞争心态上，逼迫人建立起能够压倒别人的价值信念。在国殇的阴影中，楚人整理了《九歌》，以歌舞表演的形式呈现文化上的认同与信念。

虽然我们认为《九歌》《天问》不是屈原创作的，但我们仍然必须给予屈原"中国历史上第一位文学作者"的地位。在他之前有《诗经》，但《诗经》有作品却没有作者；在他之前有《庄子》《孟子》《荀子》等，但那些是论述，而且不是以韵文的形式写成的。

王官学没落后，诸子学兴起，因而有了各家的论著。但这些百家争鸣的著作，基本上是表达理念，提出公共主张的，作者用文字记录自己相信的或雄辩的理论，但不写自己个人的经历与感受，而且他们通常都有弟子，写下来的是一个派别的意见。

写自我经历与感受的，始自屈原。屈原写的，就是强烈的个人经验和激动的个人情绪。他的文字没有建立一个“屈家”或“屈派”的诉求。屈原的出现，得益于战国时期个人主义的兴起，也得益于楚文化高度浪漫好恶的倾向。他就是一个有着特殊遭遇，有着独特情感的个人，为个人而发抒，为个人而写。

08

屈原的经历与个人情感

在现实中，屈原出身楚贵族，17 岁就少年得志，为楚怀王所赏识，升为左徒，也因此早早便卷入了楚宫廷的斗争。楚国当时最严重的政争，源自两个不相容的策略路线，一边是亲秦派，另一边是亲齐派。这种状况在战国很普遍，仅存的几个大国都在伺机拉拢、对抗彼此，选择谁做盟友这个问题不可能有完美的答案。

屈原属于亲齐派，国内亲秦派得势时，他就成了人家的眼中钉，因而遭到放逐。亲秦派的至高策略目标，是要说服楚怀王访问秦国，表现对秦国不动摇的亲善合作态度。亲齐派当然就用尽一切办法阻止楚怀王前往秦国，结果，亲齐派彻底溃败，楚怀王真的去了秦国，然后就被秦国扣押，最终竟死在秦国。

楚怀王去世后，楚襄王继位。在屈原这样的亲齐派看来，楚怀王死于秦这件事足以证明亲秦路线的绝对错误，新王一定会扭转过来，明白亲齐路线才是对的。然而事实却不同于他们的预期，因为关键在齐国的态度。就算楚国要改走亲齐路线，齐国却不认为和楚联合起来符合他们本身的利益。秦国已经壮大到令人害怕的程度，齐国不想引起秦国的反感，他们只想利用自己和秦国远远相隔的地理优势自保。

齐国不和楚国联合，楚国别无选择，只好又回到亲秦的态度上，亲齐的屈原再度失势被放逐。这一次，他真的崩溃了。曾经提拔自己的楚怀王死于秦，楚国却还继续卑屈地朝秦国倾斜，于是他投江自杀了。

屈原留下的作品中，将个人感受展现得最清晰且最强烈的，有《离骚》《哀郢》《思美人》。这几篇里也同时具备高度的南方风格，突显了南方式的精神内容。屈原在文中使用了大量的象征，在象征架构中明确联系了楚文化，成为战国楚文化的精彩代表。而他通过这些象征所要传递的，是遗嘱般的悲愤冲动，用现代语言说，那是抑郁的表现，抑郁症患者式的抑郁。怀才不遇与政治上的失败，在他身上化为 obsession（执迷），纠缠着他，永远无法摆脱。

屈原将楚怀王之死和即将降临楚国的终极灾难视为自身的灾难，甚至是自己的失败，在这种状态中，浮现了很不一样的战国心理。个人精神发展到最高峰，因而将集体遭遇、命运予以个人化，成为个人 obsession 的极端表现。

屈原继承了南方的狂人风格，他的文章带着狂暴、不受节制的好恶，上天入地的想象力，更重要的，是反复回到失败、忧愤主题的执迷。他放不下，不管他的感受、思考如何上天入地，天地终究还是在以失败与忧愤为中心旋转。

不过屈原也和孔子一样，遇到了别的南方狂人。《楚辞》中有《渔父》一篇，不论是不是屈原写的，都清晰记录了一个对世界冷眼疏离的人，用既惋惜同情又不屑嘲弄的态度对待屈原近乎疯狂的执迷。

《诗经》《左传》《论语》里不会有这样的情绪。《左传》里有很多戏剧性的故事，春秋时代的人有我们今天看来极端的行为，但他们却没有极端的情绪。即使是生死以之的事件，在记录中都轻描淡写，视之为当然，没有呼天抢地，没有狂乱号叫。屈原的行文却与之构成了强烈对比——不断地召唤极端的情绪，一直无法自拔地沉溺在抑郁与死亡的阴暗中。

《离骚》徘徊在死亡边缘，《招魂》则根本就是与死亡共处的描述。《招魂》也不一定是屈原的作品，但那样的表现方式可以让我们清楚看出楚文化中生与死没有决然界线的思考、感受方式，是如何影响了屈原。

09

战国时代不同的情感氛围

前面提过，横亘于我们和春秋时期历史之间的一道障碍，是那个时代的人对于更高原则的强烈信仰，忠于原则的强大信念甚至超越了求生的本能。这样的信仰信念，必然和封建制度、封建下的贵族教育有关。封建制度的瓦解、贵族教育的高度变形，也必然动摇了这样的心态。

战国时期的孟子仍然对人自我控制、自我完成、自我完善其角色，有着乐观的期待。这是他的性善论主张的基础。他相信人可以认知本性，做好本性赋予你的道德角色。然而到了比孟子稍晚的荀子，以及那个时代气势越来越高涨的法家这里，他们在这方面的看法就不再如此乐观了。他们看到的是人性的失败，是人性发挥所带来的灾难。人们越来越难找到人的高贵性，越来越少见人的自我信念所带来的高贵行为。荀子和法家的性恶论主张便在这样的现实中产生了。

在这样的变化过程中，屈原及其作品也有其特殊的历史意义。屈原戏剧性地展现了那个时代的悲观、黑暗气氛。人是黑暗的，世界是注定要失败的，梦想和期待只会引来抑郁与悲愤。在这一点上，屈原的感性心情和荀子、法家的理性陈述是一体两面的。屈原被动、消极地指向光明希望的破灭，荀子、法家则积极拥抱不再抱持光明希望的新时代气氛，并以此为前提，试图创造出不一样的社会组织体系。

第 五 讲

重读《孟子》

01

孟子和墨家的交锋

从春秋末年到战国中期，墨家一度大盛，具有很大的影响力。也就在这个时期，墨家和儒家形成了明确的对抗关系。这样的竞争角力，最后以儒家在汉代大获全胜收场，于是差不多从汉武帝时代开始，作为儒家大敌的墨家被推入中国集体意识的阴暗角落，噤声、沉默，被人们遗忘了。

尽管那段时间竞争激烈，但墨家对于儒家在战国时期的发展其实起到了极大的促进作用。战国时期的两位大儒——孟子和荀子都清楚地意识到墨家的存在与墨家带来的挑战，他们两人思想中的同与异，也往往是和墨家交锋的结果。

要证明战国时期墨家的影响力，最明白的一句话来自《孟子·滕文公》："杨朱、墨翟之言盈天下，天下之言，不归杨则归墨。”孟子是个善辩者，善用夸张修辞，对他的话我们当然不能百分之百接受，但就算打个折，也还是展现了墨家在当时的实力。这话另外还为我们保留了一点关于“杨朱”的材料，在后世，杨朱比墨家被遗忘得更彻底。

孟子简要地批评杨、墨：“杨氏为我，是无君也；墨氏兼爱，是无父也。”孟子的著作留了下来，取得了很高的地位，于是很长一段时间，“杨朱为我”“墨子兼爱”就成了许多人对这两家主张最深刻的印象，而且理所当然地从“无君”“无父”的负面批判立场来看待杨朱和墨子。

仔细析读《墨子》原书，我们知道墨家的主张有其内在逻辑和复杂之处，更重要的是因为有其对应当时战火纷飞、人民苦痛这一现实的焦点，才会产生那么大的影响力。同样，我们恐怕也得用不同心态、不同假设来看待杨朱。如果真的如孟子所说，杨朱就是主张“拔一毛以利天下，不为也”，怎么会一度风靡，成为显学？

“拔一毛以利天下，不为也”应该是杨朱说的没错，孟子没有冤枉他，但杨朱会说出这种看似荒谬的话，一定有其背景与逻辑。杨朱的极端说法，有一部分是针对墨子、墨家的“兼爱”提出的。“兼爱”要求一视同仁地爱所有的人，怎么爱自己就怎么爱别人，怎么爱父母兄弟就怎么爱其他非父母兄弟的人，这样就能够达到“非攻”的目的。

然而，兼爱主张中有一个根本的矛盾，那就是到底要不要爱自己。用对待自己的方式对待别人，换个方向看，也就是用对待别人的方式对待自己，那明显是不爱自己。可是又要推己及人，那不就是用不爱自己的方式来对待别人，变成不爱别人了吗？从逻辑上看，我们不可能又爱自己又兼爱天下，只能既不爱自己又不爱别人，才有可能平等相待。爱本来就带有分别心，为什么说我们爱自己？不就是因为我们看重自己远超过别人，总是保护自己、追求自己的利益吗？真正平等对待自己和别人，从定义上看，我们就不再爱自己。

于是杨朱提出相反的主张，真正要让这个世界没有争战，绝对不是像墨家主张的那样大家兼爱彼此，而应该每个人只爱自己，贯彻自私，除了自己，不考虑别的。你只求自己活得好，别管什么家庭、亲族，除了自身以外，都不干你的事。"拔一毛以利天下，不为也"是这种态度的绝对说法，人只"为我"，不去管别人，不去侵犯、掠夺别人，甚至也不去关心帮助别人。要关心要帮助，你的心就超越了自己，要善待父母、要照顾子女、要效忠国君，那么你的分别态度必然就对非父母、子女、国君的人造成歧视和伤害。都别想这些，只想自己，只管自己，每个人都以这种方式活着，就不会有战争了。战争带来生命与财产的巨大损失，如果只管自己，努力让自己继续好好活下去，谁会愿意打仗？没有人愿意冒着生命与财产的危险去打仗，战争不就打不起来了吗？

02

推行主张还需要辩论术

表面上看，兼爱和为我极端相反，但深入些看，孟子所指的这两大显学，内在关联紧密。理论上的关联在杨朱突显了墨家主张的吊诡——兼爱只能使人谁都不爱，不可能“视路人如兄弟”，只会“视兄弟如路人”，甚至“视自己如路人”。人人不珍惜自己，轻视自己的生命与利益，战争非但不会终止，还将打得更厉害、更不可收拾。

另外一项关联在用心上。墨家和杨朱不同主张的目的是同样的——终止战争。他们都是针对战争形态改变、战争规模扩大、战争发生频率升高带来的慌乱、痛苦而提出的。他们都试图找出彻底的、一劳永逸的办法，来解决战争、终止战争。

换句话说，他们针对的是同样的社会集体现象，同样在寻找一个可以用简单标语彰显的彻底解决方案。墨家说：只要我们都爱别人就可以不再打仗了！杨朱说：错了，反过来，只要我们都坚决只爱自己就可以不再打仗了！

从这个角度看，我们就比较容易了解为什么这两家的主张会在当时带来席卷式的号召效果，以及为什么这两家会被相提并论——因为他们切中了当时一般人最大的困扰与痛苦，也因为他们提出了简单的、标语口号式的答案。简单，所以不需什么知识、不需复杂思考，很多人都听得懂；类似标语口号，所以可以快速传播，蔚为流行。

到了战国中期，百家争鸣不只刺激出了更多的想法与主张，还刺激出了对于如何更有效推广想法与主张的试验。试验的结果，就是“辩”的风格的出现。之前我们说过墨家如何从朴实起步，到战国转而重视、开发“辩”的方法。墨家和杨朱擅长的“辩”法，至少从孟子整理、总结的文字来看，就是找到一个统合的概念、标语，将尽可能多的议题摆放进去，形成解决时代问题的万灵丹。

如此呈现意见的风格，前所未见。《论语》中没有太多“辩”，因为《论语》的基本表现形式是格言，直接说出答案，告诉你什么是什么、什么是对的、什么是应该做的。格言的特性就是除了上述内容之外再没有太多说明，当然也就没打算要辩论什么。“一日之计在于晨，一年之计在于春，一生之计在于勤”，这就是典型的格言，简单、直接、整齐，不多解释，没得商量。

《论语》里孔子的发言仍然带着强烈的封建秩序下的真理姿态，

但这样的姿态到了战国就维持不了了，人们不再单纯接受这些简单的语言，驯服地视之为真理。格言式语言的真理权威随着封建秩序的崩坏而瓦解了。

在现实中，我们可以清楚地体会这种变化如何发生。在我们这一代人有限的生命经验中，我们曾体验过格言失效的感觉。小时候我们理所当然地接受“一日之计在于晨，一年之计在于春，一生之计在于勤”，早上稍微晚起就有罪恶感，一年开头一定要写下一份密密麻麻的计划。上学时，我们理所当然地接受“做一个活活泼泼的好学生，做一个堂堂正正的中国人”的教导，对于“堂堂正正”四个字有着强烈的感受，还有每天进出教室就看到墙上用大字写的各种学生守则。

现在的成年人还有谁会认真对待它们呢？谁还会因为一句简单的话是写在黑板上、墙上的，就认定那应该是有道理的呢？现在的孩子看了则会提出各种问题：为什么一定要早起？为什么春天比夏天或秋天重要？勤劳做事就能保证成功吗？

多出来的质疑和困惑，来自一个潜在的基本假设——想要我听什么，接受什么，你不能光是告诉我，还得说服我，不能只说“就是这样”，必须说出理由与原因来。从春秋到战国，不只是言论主张改变了，连更基础的表达主张的形式也改变了。内容与形式，两者密不可分，互相影响。

诸子百家进入了一个“论辩”的时代，比以往更讲究论辩的有效性。墨家和杨朱之所以能一时横扫天下，是因为他们找到了一种能够和更多人沟通、说服更多人的言论风格。孟子反对他们的主张，因此觉察到他们的言论有那么大影响力时，更是愤愤不平。那该怎么应对？孟子也得树立自己的论辩风格，才能和杨墨对抗。

03

孟子的说话风格

容我提醒各位读者，在历史脉络中孟子如何说（呈现道理的风格、形式）和他到底说了什么同样重要。战国时代是个雄辩时代，苏秦、张仪那些纵横家当然是靠着一张善言雄辩的嘴，穿梭于各国“兴风作浪”的，但雄辩绝对不是纵横家的专利，雄辩甚至不是纵横家的发明。我们应该反过来看：一个传统信念快速瓦解的社会，迫切需要寻找新的处世原则，一时之间涌现了众多不同的主张，嘈杂纷乱地争着要说服迷惘困惑的世人。在那样的多元言论环境中，想要主张被听到，言说者需要掌握特殊的技巧；想要主张被接受，更需要特殊的技巧。

雄辩就是在这种时代背景中产生的说话技巧。墨家早早意识到说话、论辩技巧的重要性，于是在他们的知识体系中有了《墨辩》，那是一套很讲究的说话、论辩方法论。进入战国时期，言论更加热闹混乱，进而出现了专门探索语言规则、玩弄论辩盲点的名家。说话，不再是一件本能、自然的事，而正式成为一门技术、一份本事。

纵横家是将这份技术、本事用在国与国外交策略上的人。与纵横家大约同时代的孟子、庄子，则将同样的技术、本事用来沟通、传递价值判断。庄子向一般人传递超越人世的广大精神宇宙，孟子的主要沟通对象则是国君，传递的价值信念是儒家的人道主义。

很可惜，传统上阅读《孟子》的方式没法让我们欣赏、领略到孟子的雄辩本领。《孟子》的精彩之处，不在于他提出的想法，而在于他如何在一个对儒家信念极为不利的环境下，坚持不懈地找到方法突显这套信念的优点，毫不让步地和其他更流行、更迎合君王心意的学说缠斗。

孟子是言语和信念上的斗士。他的信念很大一部分承袭自孔子，也就是承袭自孔子信奉的周代王官学传统。那绝非什么新鲜刺激的东西，相反，那是被当时许多人认定应该丢入时光垃圾桶的陈旧概念，但孟子以雄辩姿态将这些东西说得活泼灵动、强悍生猛，和别人提出的怪奇之论相比，丝毫不显疲态！

《孟子》和《荀子》形成鲜明的差异，不只是传统上认知的性善论和性恶论的差异而已，更重要的是文风，即说话方式的差异。孟子、荀子同属儒家，两人有许多同样的基本信念，两人的书中也说了许多类似的道理，然而不管再怎么类似、接近的道理，由孟子说来和由荀子说来，就是会带给我们很不一样的感受。

两部作品不是内容上的差异，而是风格乃至于人格的差异。孟子雄辩风格的形成一部分受时代影响。孟子出生于公元前 372 年，荀子出生于公元前 313 年，虽然只相去 60 年左右，但所处时代的气氛有了根本的变化。孟子的时代，仍然是百家争鸣、言论互激、一切处于未定的状态，从国君到小民，大家都焦虑地寻找解决现实战乱不安之道。到了荀子的时代，前面的长期多元激荡开始收束整合，荀子本身整合了儒家和法家，荀子的学生韩非更进一步整合了法家和道家。

换句话说，孟子身在言论的战场上，强敌环伺，必须时刻紧绷精神不断战斗；到荀子时，战场已经得到初步清理，只剩下几个还站着的强者，不必拼得你死我活，强者们转而想着如何重整彼此关系，找出停战的办法来。

04

《孟子》的辩论场景（上）

从某个角度看，《孟子》比较接近《论语》，而远离《荀子》，因为这本书不只记录了孟子说什么，还将孟子在什么状况下、对谁说这些话等背景信息都交代得清清楚楚。千载之后，我们都还能通过这些记录，想象并还原孟子当年的论辩场景。

庄子也是个了不起的雄辩家，然而，《庄子》书中呈现的，是一种纸上的、想象的雄辩。书中没有交代现实的辩论场景，少数例如庄子和惠施的对话，读起来总比较像寓言，而非现场记录。《庄子》比较像一个有剧本、有场控的舞台，那些质疑、挑战庄子的人是剧本里安排好的角色，大家按照各自脚本说话，制造出应有的舞台效果。

我们当然不能天真地将《孟子》里所记录的一切都当作事实看

待。《孟子》的写法就是期望我们感觉这是真实发生过的一场论辩，真正的君王、真正的问题、真正的往来论难，用这种方式传达出再强烈不过的现实感。书中浮现的是一位不怕面对现实问题，不谈抽象理想理念的人，他活在与别人的热闹互动中，而不是在自己内在的思考与想象中。

孟子采取如此具现实感的书写策略是有道理的。正因为王官学在孟子的时代是古旧的，儒家信念很容易被视为只适用于逝去的年代，缺乏现实意义，所以要让人愿意倾听儒家信念，就先得有办法把现实摆进来。

《孟子》第一篇是《梁惠王上》，开篇第一件事就是搬出了一位真实的国君——梁惠王，让读者看来像是现场记录的对话。“孟子见梁惠王，王曰：‘叟！不远千里而来，亦将有利吾国乎？’”孟子是个游士，没有固定的官职与身份，不断从这国跑到那国，为国君提供国政上的分析与建议。因此梁惠王的寒暄理所当然就是：“哎呀，老先生千里迢迢来到我们这里，想必会给我们带来很有用的协助吧？”

孟子这类人是国君的流动幕僚，到任何一个地方，最主要的目标一定是说服国君接受自己的主张，进一步任用他们协助处理国政，所以梁惠王的问候很普通、很正常，“利吾国”是国君判断要不要接受游士意见天经地义的标准。

孟子到梁国之前已经有了一定的名气，因此能直接见到梁惠王。这件事发生在公元前 328 年，那年孟子 44 岁，梁惠王开口称“叟”，显然不完全针对孟子的实际年龄，也有对孟子的尊敬之意。

梁惠王绝对没料到，初次见面如此平常的客套话竟然就引来孟子的否定，外加一大段训诫。“孟子对曰：‘王！何必曰利？亦有仁义而已矣。’”孟子的回应是：“王干吗要提利呢？难道你不知道比利益更重要的是仁和义吗？”

梁惠王显然来不及弄清楚状况，孟子已经滔滔不绝地铺陈其道理了：“王曰：‘何以利吾国？’大夫曰：‘何以利吾家？’士庶人曰：‘何以利吾身？’上下交征利而国危矣。”译成白话就是：“国君问：‘如何对我的国有利？’大夫就问：‘如何对我的家有利？’没有封地的士和庶民就问：‘如何对我自己有利？’上上下下都求利，互相争夺利益，这个国可就危险了。”

国君考虑国的利益，拥有封地的大夫就会相应考虑自己封地的利益，同样，士和庶民就会考虑自身的利益。从上到下都是从自己的利益出发，然而上下的利益彼此交错，这方的利益增加了，很可能就损伤了那方的利益，因而考虑利益必然产生利益冲突与争夺，这是“危”的来源。

《史记·太史公自序》中有一段话说：“《春秋》之中，弑君三十六，亡国五十二，诸侯奔走不得保其社稷者不可胜数。”《春秋》经文记录的两百多年间，就发生了三十六次弑君事件，正式被灭亡并吞的国多达五十二个，平均六年多就有一个国君被杀，平均四年多就有一个国灭亡。这种状况进入战国之后，只会更加严重、激烈，所以孟子直接在梁惠王面前说：“万乘之国，弑其君者，必千乘之家；千乘之国，弑其君者，必百乘之家。万取千焉，千取百焉，不为不多矣。”译成白话就是：“具备万乘实力的大国中，弑君的一定是具备千乘实力的大夫；具备千乘实力的中等国家中，弑君的一定是具备百乘实力的大夫。这些大夫，他们的实力都已经达到国君的十分之一——万中有千，千中有百——了，难道还算少吗？”意思是自己已经拥有那么多了，为什么还要弑君呢？

因为“苟为后义而先利，不夺不餍”。孟子的解释是：“如果大家都只想怎样是有利的，不考虑不在乎怎样是对的、正当的（义），那就会产生这种不论自己已经拥有多少，都一定要争夺更多，不去争不去抢就无法满足的现象。”

孟子前面说：“上下交征利而国危矣。”到这里他传递的信息更直接、更迫切了，实际上是“上下交征利而国君危矣”！如果国君不希望遭遇这种弑君争利的危险，那就应该听下面的建议：“未有仁而遗其亲者也，未有义而后其君者也。王亦曰仁义而已，何必曰利？”译成白话就是：“应该赶紧停止强调利、追求利，转而提倡仁义，仁义才对国君最有好处。相信仁、施行仁的人，绝对不会忽略、遗弃他的亲人；相信义、遵守义的人，也绝对不会蔑视、伤害他的君王。”这里孟子给了“仁”与“义”最简单的行为定义。“仁”就是遵从伦理，看重亲人；“义”就是有一种坚持正当行为，不做不该做的事的信念，规矩上国君在前，那么实践上就不会将国君放到个人考虑之后。然后孟子将前面说过的话当作总结又说了一次：“王，你应该说仁义才对，不要再说利了。”

05

《孟子》的辩论场景（下）

《孟子》第一篇就展现了孟子复杂的雄辩思维。他毫不留情地给梁惠王当头棒喝，抓住梁惠王客套话中的“利”字大做文章。我们不必替孟子担心，害怕梁惠王听了这番话会发怒掀桌，因为虽然孟子明白地说“不必曰利”，但只要梁惠王仔细听进孟子说的，立刻会推论出孟子还没有说出来的主张：其实从国君的角度看，“仁义”才是大利，提倡“仁义”才真正符合国君的利益。“曰利”，把“利”挂在嘴上、放在心上，让国中臣民都嘴上说“利”、心头想“利”，反而是对国君最不利的。

孟子不是个传统主义者，他主张“仁义”，不是因为“仁义”就是对的，或“仁义”是古圣所教诲的、几百年流传下来的，或尧舜先圣都奉行“仁义”，所以今天的国君也应该奉行“仁义”。

他其实是顺着梁惠王对“利”的重视，否定梁惠王原本认为的“利”，教他若真要有利于自己，“仁义”才是正确的答案。

孟子没有直接用“利者非利”一类“正言若反”的表达方式，但他的推论，实质上仍属于吊诡悖论。他的雄辩以指出对方的想法“似是而非”来展开——你以为追求“利”就必然有利，不，这个想法错了，追求“利”反而会带来“危”，带来祸害；追求“仁义”才能真正带来“利”。

贯彻《孟子》雄辩的主轴，就在于将当时一般人，尤其是国君视为落伍、无用的人伦和仁义等周文化传统价值，表现为最适合、最能应对当时环境的观念。这点上，孟子和孔子很不一样。孔子梦想的，是取消春秋时代变动、破坏的力量，回归西周原始状态，那么旧有的伦理条目、人格常规就都能恢复发挥其作用了。孟子却主张，我们不可能退回周初情境，不必回拨时钟，仁义为首的这些伦理条目、人格常规在战国的现实中都还有用武之地，甚至都还是最好用、最有用的。

《孟子·梁惠王下》再度示范、展现了这种悖论雄辩的风格。“孟子见梁惠王，王立于沼上，顾鸿雁麋鹿，曰：‘贤者亦乐此乎？’”孟子又见到了梁惠王，但这次不在宫中，而是在园林水池边。梁惠王环顾欣赏园中养的禽鸟和走兽，对孟子说：“贤者也喜欢这样的享受吗？”

“贤者”既是对孟子的敬称，也是梁惠王带点不好意思的疑惑对象。梁惠王喜欢园林、动物，但又意识到这种享受似乎不符合传统贤君的形象，所以问孟子怎么看。

“孟子对曰：‘贤者而后乐此，不贤者虽有此，不乐也。’”又是逆反了梁惠王的预期，孟子的回答是：“只有贤者才能享受这种乐趣，不是贤者的，就算有了同样的环境、同样的条件，也无法真正拥有如此享受。”孟子显然立刻明了梁惠王对于在他面前表现出喜爱园林、动物感到尴尬，甚至罪咎。一位贤者，尤其是一位担任国君的贤者，依照传统的道理，不应该追求这种乐趣，应该将心力放在照顾人民、管理国政上，公众福祉重于私人娱乐。梁惠王此问，就是有了会被孟子批评教训的准备，预期孟子会说“不贤者而后乐此”，批评说只有那些不像样的国君才会将时间精力耗费在游园赏鸟上。

但孟子倾向于不批评、不教训。雄辩的一种手法，就是故意违背听者的预期，因而激发听者的好奇，乃至使听者震惊，进而对说者所言留下深刻印象。梁惠王不会想到简单的问候语会惹来最严厉的威胁，听到孟子“弑君者”那一段话，一时半刻绝对忘不掉。同样，梁惠王怎么想都想不到，孟子非但不批评他的个人园林享受，反而用赞成、称许的口气说：“贤者而后乐此。”

孟子接着解释：“《诗》云：经始灵台，经之营之，庶民攻之，不日成之。经始勿亟，庶民子来。王在灵囿，麀鹿攸伏，麀鹿濯濯，白鸟鹤鹤。王在灵沼，於牣鱼跃。”天啊，孟子竟然还正经八百引用了《诗经·大雅·灵台》的句子，这是咏周文王的诗篇。我们可以想见梁惠王听到时更惊讶的反应：“我以为我在做一件贤者不该做的事，这位老先生却不只嘉奖我享乐，还把我和周代开国的大贤君文王相提并论?!”

诗的内容描述了文王如何兴建“灵台”。先度量规划，然后准备材料，因为民众都来一起参与建造，所以灵台一下子（“不日”）就盖好了。原来规划准备时，将进度定得很松，打算慢慢来（“不亟”），但没想到民众却像是帮自己的父母做事一样卖力，很快就完成了修筑工作。在灵台周围的园子里，母鹿安详地伏卧着（“攸伏”），细看那鹿长得很好，毛色光润（“濯濯”），旁边还围着羽毛洁净漂亮（“鹤鹤”）的白鸟。文王在灵台边的水池畔观赏水中鱼儿拥挤跳跃。

然后孟子点出引用这段诗的原因：“文王以民力为台为沼，而民欢乐之，谓其台曰灵台，谓其沼曰灵沼，乐其有麋鹿鱼鳖。古之人与民偕乐，故能乐也。”孟子说的是：“文王运用众人的力量来兴建台阁庭园，而人民是高高兴兴来做的，甚至将这座楼台称为‘灵台’，将这塘池水称为‘灵沼’。人民通过为楼台、水池取这样的名字来显示他们的心意。像文王这样的贤君可以做到与民同乐，所以能享受园林之乐。”

最后，孟子再用反例来强调：“《汤誓》曰：‘时日害丧，予及女偕亡！’民欲与之偕亡，虽有台池鸟兽，岂能独乐？”译成白话文就是：“反过来看，《尚书·汤誓》中，人民对着夏桀愤怒呼喊：‘这个太阳啊（指高高在上的王），你什么时候灭亡呢？我愿意和你同归于尽！’想想看，人民不惜和他同归于尽，这种君王就算有园林、鸟兽，有办法自己享乐吗？”

关键不在园林、鸟兽，而在国君和人民之间的关系，在国君如何对待人民。绕了一圈，孟子其实还是回到了这个主题上，但对于国君的享受，孟子把它从梁惠王要问的“该不该”，在逻辑上转换为“能不能”。不该问“贤者”（好的国君）该不该如此享受，而该弄明白，如果不是“贤者”，不能好好治民，获得人民的拥戴，那么他根本就没有办法如此享受。人民拥戴国君，国君就能过得自在快乐；人民和国君对立，国君坐立难安，哪有享受可言？

06

孟子的立场和主张

“予岂好辩哉，予不得已也。”这是孟子的真心话。他不能不辩，不只因为那是一个大家都好辩的时代，不辩、不会辩就无法将自己的主张传递出去，还因为孟子所要传达的主张，是违背时代潮流的，必须更费力气才能说服别人，尤其是像梁惠王这样的国君。

墨家或杨朱的出发点都是否定传统制度，提出建立一个新的乌托邦的方式：大家都彼此互爱，或每个人只需要自私即可。这些主张之所以很迷人，是因为那和现实不一样。这样的未来图景相对也容易推销，因为它出于纯粹的想象，从来不曾存在过。

孟子却属儒家，不论怎么辩，他的儒家立场都没有动摇过。儒家的立场就是坚守封建秩序中的礼——人与人之间的身份规范与责任，做国君的要像个国君，人民也要依照人民的身份行事。孟子要“拒杨墨”，就必须要说服别人相信，明明看起来那么糟，也已经破破烂烂的旧传统仍然有价值，仍然有解决现实问题的力量。

在论辩的大时代风潮中，孟子吸收了别人的论辩技巧，又发展出许多自己的方法，他要追求的“辩”的效果，比杨墨都要困难些。他要论辩证明旧有的礼不该被抛弃，人不能摆脱礼去想象、建构“无父无君”的新天地。

《孟子·尽心》：“人之所不学而能者，其良能也。所不虑而知者，其良知也。”人先天带着的特殊能力与知识，叫作“良能”或“良知”，不是后天学来的。称之为“良”，因为那不只是天生的，而且还必然是好的，这是孟子性善论的基础。

我们有怎样的“良能”和“良知”呢？孟子说：“孩提之童，无不知爱其亲也。及其长也，无不知敬其兄也。亲亲，仁也。敬长，义也。无他，达之天下。”有人教你要爱自己的父母吗？有人教你如何敬重兄长吗？孩子那么小的时候，很自然地就有“亲亲”和“敬长”的行为，显然那是天生的，而不是后天学来的。“亲亲”就是“仁”的基础，“敬长”就是“义”的基础，由此可见，“仁”与“义”是天生的，是“良能”“良知”。

由此推演：如果有人主张不要爱父母，只爱自己，那是违背人的天性的；如果有人主张不要特别敬爱父母、敬重兄长，对待他们要和对待别人一样，你别听，因为两者都是违背天性的。这是孟子用来“拒杨墨”的论辩利器。

07

性善论与圣人

性善论将传统封建所提倡的“仁”“义”建立在天性基础上，然而孟子绝对没有天真地主张“人天生就是好的”。“人性本善”指的是人天生带着一些好的素质，不能被抛弃，更不应该被抛弃。这样的善性是普遍的，每个人身上都有，所以将社会秩序建立在大家都有的善性素质上，是最合理，也最稳固的。

“可欲之谓善”，意思是我们如何知道“善”是普遍的？又如何知道“善”有什么内容？在论辩上，孟子有一个简单的答案——看看有什么东西是大家共通喜欢的、欲求的。

我们每个人都喜爱好吃的东西，都喜欢漂亮的东西，好吃的、漂亮的，就是“善”。同理，我们每个人也都喜欢秩序、条理，所以秩序、条理也是“善”。墙上的画看起来挂歪了，没人要求，我们也会忍不住去把画摆正。一堆椅子放着，我们自然就会忍不住将它们摆成前后左右对齐的一排排。店里有两座钟待售，一座钟面是圆的，一座是不规则形的，我们自然会选圆形的那座。这就是人的秩序天性，内在的“善”。

依照孟子所说，我们人天生就“识好歹”，与生俱来拥有分辨各种好坏的能力。精确些说，“恻隐之心，人皆有之；羞恶之心，人皆有之；恭敬之心，人皆有之；是非之心，人皆有之”，人天生具备这四种“善”。“恻隐之心，仁也；羞恶之心，义也；恭敬之心，礼也；是非之心，智也。”所以，“仁义礼智”都是人天生的“善”。所谓性善，指的就是每个人都具备这样的“善”。

人性不是一张白纸，不能一高兴在上面涂画什么都可以。孟子“拒杨墨”的其中一种方式，就是指出“杨”“墨”极端为己或极端无私的主张，都是违背人性的。更进一步，孟子诉诸性善解释礼的来源，以及礼为何那么重要，不能被废弃。

古代（文明诞生之前）有人不懂或不行葬礼，父母死了，就将尸体丢在沟里。过了几天经过那里，发现父母的尸体被狐狸啃食了，上面苍蝇小虫群聚啮咬。突然之间，他额头上冒出汗来，只敢用眼角偷瞄，不敢正视。额头出汗，不是为了给别人看，而是从内心发出的自然感情，直接表现在脸上。于是他就回家拿了锄头等工具将父母的尸体埋了。埋了才是对的，孝子仁人好好埋葬亲人，是有道理的。

对于礼的起源，从王官学延续到儒家，采信的说法是“圣人制礼”。礼是圣人发明的，为了让人可以离开动物性，变得更好更文明。孟子没有推翻“圣人制礼”的说法，但改写了圣人的作用。在“仁义礼智”的良能、良知上，圣人跟一般人没有任何两样，只是比一般人更早并更清楚地察觉这些内在善性，将之落实律定为礼。礼是依照每个人内在善的本能而制定的。

《孟子·万章》中有一句话：“天之生此民也，使先知觉后知，使先觉觉后觉也。”意思是圣人就是先知先觉，先认识了人内在的善，察觉了善的道理，因而制定了礼，让其他人也能知，也能觉。守礼，不是乖乖听圣人的话，按照圣人规定的改变我们自己，而是借由圣人的先知先觉，唤醒并强化我们心中本来就已经有的仁义礼智。

后代宋明理学中，王阳明就进一步推扩孟子的这个说法，用“成色分两”来比喻我们和圣人之间的异同。我们和圣人所拥有的善性都是一样的，就好像所有的“九九纯金”有一样的“成色”。我们和圣人的不同不在于“成色”而在于“分两”，圣人的善性是比较大块的“九九纯金”，我们一般人是比较小块的。良知良能的本体，所有人都有，而且都一样纯美，会有差别的，是拥有多少分量。分量多的，能成就更大更多的善事，分量少的，善常常会被掩蔽，无法发挥，所以需要“先知先觉”来予以启发、协助。

08

孟子的伦理学

孟子用他自己的观念，重讲了舜的故事。舜住在深山里，过着一种野人的生活，他和相同环境中的其他野人基本上都一样，只有一点小小的差别，那是“其闻一善言，见一善行，若决江河，沛然莫之能御也”。他特别为善言、善行所吸引，听到善言、见到善行，便感受到一股有如排山倒海而来的力量将他拉过去，无法抵挡，于是别人的善言就成为他的善言，别人的善行也就是他必然模仿的对象。

“善与人同，舍己从人，乐取于人以为善”，于是舜就借由这一点差别成了圣人。他内在评断是非好坏的良能、良知格外强大，大到使得他立即自觉地模仿善言善行，快速抛弃自身的不善或不够善的部分。在孟子的叙述中，舜所赖以成为圣人的，不是什么神启或天纵英明，而是大量吸收“众人之所同”，也就是大家都会有的善言、善行。

舜成了圣人，靠的是开发、扩大良知、良能，也就是靠“习”，不断吸收、调整、改造自己，一直让自己变得更好。这就回到了《论语》开篇第一段话所说的“学而时习之，不亦乐乎？”“学”只是“知道”，“习”则让“学”内化成为人生命中的一部分。后来童蒙教材《三字经》也简单地将其归纳为“性相近，习相远”——在本性上，我们和圣人尧、舜都很接近、很类似，是“习”（后天的锻炼、修养）使我们变得不一样。

孟子说：“尧舜性者也，汤武反之也。”意思是尧、舜在本性上就是圣人，他们按照自己的本性发挥了，就理所当然地成为圣人；成汤、周武王则是凭借本性中的“善”，克服了其他不善的部分，努力使得自己成为圣人。借用王阳明的比喻，尧、舜整个人格都是纯金，汤、武还有一部分不是纯金，但可以借由后天的“习”来开发、扩大纯金的部分，臻至尽善。

宋明理学有程朱派、陆王派之争，两派的差异，可以用对孟子一句话的不同诠释来理解。孟子说：“万物皆备于我矣，反身而诚，乐莫大焉。”“程朱派”将这句话中的“万物”理解为“万物的道理”，并和《大学》中所说的“格物”联系在一起，因而认定其意义为要下功夫格天下之物，让万物的道理都能够储存在自己的脑袋里，于是人就可以不假外求了，在做人做事上自给自足了，这是最大的快乐。

程朱派将“万物皆备于我”理解为祈使句，教人应该要这样去追求；陆王派却将“万物皆备于我”理解成叙述句，意谓人本来就具备万物之理，并不是说你天生就知道这些东西如何构造、如何成长，而是说你天生就知道如何判断所有东西的好坏、是非。东西长得正不正，不需要学，我们早有直觉评判；事情对不对，我们也早有直觉掌握。对陆王派来说，这才叫“万物皆备于我”，忠于这份天生的是非善恶判断，人就无入而不自得了。

必须说，从完整义理上看，陆王派要比程朱派更接近孟子的本意。天生具备对于事物是非善恶的判断标准，这就是性善。只要不自欺，不蒙蔽直觉地判断，依照直觉选择对的、善的去做，我们当然就会成为好人。这是孟子最重要的主张。

09

孟子重振儒家

在那个大辩论时代，孟子的性善主张，当然招来了许多质疑、挑战。《孟子》书中有一篇，叫“告子”，里面就记录了一个主要的挑战者“告子”的主张。告子认为“性无善恶”，“性，犹湍水也，决诸东方则东流，决诸西方则西流。人性之无分于善不善也，犹水之无分于东西也。”告子认为，人的天性像水一样，可能流向东，也可能流向西，没有一定的流向，只受地势高低影响，人也同样受到环境影响，由环境决定变成好人或坏人。

告子显然是“环境决定论者”，相信“近朱者赤，近墨者黑”，人是由环境影响并塑造的，没有或善或恶的本性。善辩的孟子却抓住告子用的比喻发动反击：“水信无分于东西，无分于上下乎？人性之善也，犹水之就下也。今夫水，搏而跃之，可使过颡；激而行之，可使在山，是岂水之性哉？”水之所以会东流西流，没有一定的方向，不就是因为水总是往低处流吗？水偶尔可以冲激向上，但那不是水的本性，终究水还是要往下流。水有往下流的本性，就如同人有善的本性；水偶尔会违背本性往上冲激，就像人也会违背善的本性为恶。人性的确像水，但绝对不是如告子认定的那样无善无恶。

人当然会做坏事，然而孟子看重、强调的是：人做坏事时，内心明白自己做的是坏事。对于善恶是非标准的敏感是天生的、不变的。孟子说：“舜何？人也。禹何？人也，有为者亦若是。人皆可以为尧舜。”圣人和我们，没有绝对的差异，我们每一个人都拥有成为圣人的先天条件，就看我们如何运用、发挥自己内在天生的善性了。

孟子将自己的论理建立在本性上，也就是一个不能改变、不容置疑的前提下。这是论辩的策略，也是那个时代的潮流。社会太乱了，现实太乱了，接着连解释现实的说法也各行其是乱成一团，使人莫衷一是。这种状况很自然地刺激出一种想要找到可掌握的源头的冲动，希望能有固定的、不变的基础让人得以站立，不要什么都在变，什么都不确定。

庄子探索“自然”，同时代的孟子、告子则讨论本性，他们都是要找出不变的、确定的基础。建立了本性的主张，孟子也就有了“拒杨墨”的简单立场：杨朱和墨家的主张都是违背人性的。进而，孟子用本性的论理，给予礼新的定义。为什么封建秩序明明已经崩坏瓦解，还要维持礼？孟子给的答案是：因为礼源自人性，是普遍的，而不是依附于封建制度的。礼固然是圣人制定的，但不是圣人独断发明的。圣人的角色是发现你我内在都有的基本天性、善恶是非标准，以此制定出一套相应的行为法则。不管现实怎么变，人性不会变，那么礼也就不会过时，始终有其权威与价值。

用这种逻辑，孟子重振了儒家，将儒家由一个枯燥地要求保留既有旧规范的流派，升级为可以和其他诸子百家并立辩论的流派。他的性善论是在这样一个战斗条件下出现的，也是在这样一个纷乱环境中发挥作用的。孟子和所有的战国诸子都不是悠闲、宁静、致力于思考的哲学家，他们的首要身份是有攻有守的论辩者，他们优先考虑的是如何吸引和说服听者、读者。将战国诸子放回热闹、嘈杂的历史背景中，我们才能比较公允、贴切地理解、衡量他们的思想与主张。

第六讲

重读《荀子》

01

荀子的主张

孟子最重要的敌人，是杨朱和墨家。荀子也有敌人，在《荀子·解蔽篇》中，他清清楚楚列出了敌人名单："墨子蔽于用而不知文……惠子蔽于辞而不知实，庄子蔽于天而不知人，故由用谓之道，尽利矣……由辞谓之道，尽论矣；由天谓之道，尽因矣。"墨子或墨家也在他的名单上，但杨朱不见了，取而代之的是惠子与庄子。

从孟子的时代到荀子的时代，曾经风光一时的杨朱很快就没落消失了，不过相应的，名家和庄子所代表的道家有着庞大的影响势力。不只是各家言论的影响此消彼长，受到重视的焦点问题也有了微妙的不同。孟子攻击墨家，焦点放在"兼爱"；荀子反对墨家，强调的却是"蔽于用而不知文"，换句话说，是墨家"交相利”的功利主义立场。

这很可能反映了战国时期墨家在论辩上的调整。他们特别突显“有用”“有好处”“对大多数人有好处”来加强主张的说服力。在众多纷乱的主张中，如何判断哪个比较好？墨家提出的答案是：能带来最大利益的主张就是最好的、最值得信服的主张。

荀子集中攻击墨家的这一态度。荀子认为，有用、有利不应该是全面的、绝对的标准。只重视有用、有利，就看不到其他更高的价值。人有除了有用、有利之外的其他需求，用今天的语言说，那就是文化上的、精神层面的需求。

荀子批评惠施所代表的名家是“蔽于辞而不知实”，说了很多话，一直在语言上打转，但语言和现实之间的链接却断开了，只剩下没有具体现实对应的一大堆语言。人为什么说话？为了表达意念或道理。也就是说，先有意念、道理，才有语言作为传达工具，意念、道理是本，语言是末。但名家将“名”，也就是语言，拿到最前面来，反复讨论语言，讲了一大套如何说话、如何表达的规律，里面却没有实质要说、要表达的意念和道理。名家没有现实主张，没有关于人生、关于社会、关于时代的看法，只讨论如何表达看法。

对于庄子，荀子的批评是“蔽于天而不知人”。庄子只知道“自然”，要人回归自然、模仿自然，却不知道有人在自然之上所增益的事物。荀子说：“不为而成，不求而得，夫是之谓天职。如是者，虽深，其人不加虑焉。”关于那些不必努力求索就能得到的“自然”，干吗多想、多讨论呢？“夫是之谓不与天争职”，自然的就交给“天”去处理，不干我们的事，我们想再多，做再多，也改变不了“天”。关键是分清楚“自然”和“人”，“天有其时，地有其财，人有其治，夫是之谓能参。”人的任务是好好运用天地自然所给予的条件。

人不能违背自然，更不该抢自然的职能，顺从自然的道理是对的。但人要在自然给予的条件中努力创造出人的环境、人的成就，不能只是顺从自然活着。从这个角度看，庄子最大的错误，在拼命去讨论“天”，想要“知天”，去整理自然的规律，那是在浪费精力。“圣人不求知天”，“天”“自然”是不可改变的前提，知道了也没有用。

明明该做的是“知人”，也就是以“天”“自然”为前提认真思考：人要做什么，可以做什么？人当然可以用“天”所提供的种种条件、资源创造出属于人的秩序，做出“天”所没有的人文成就来。不需要也不应该一直去钻研“天”的道理，妄想模仿“天”。“天”和“人”是分开的，“人”有人的道理和责任。

所以荀子说：“大天而思之，孰与物畜而制之。”将“天”看得那么大，时时刻刻思考、探究“天”，还不如尽到人的责任，好好利用“天”提供的“物”，创造人为的、适于人类更好生活的环境与秩序。

从孟子到荀子，儒家对于“天”和“自然”的立场有了巨大的改变。孟子将礼的根本追究到“性”上，也就是要给礼一个自然的来源基础，主张礼是自然的、天生的，所以有其不可被取消的地位。孟子看待天性、自然的态度和大约同时代的庄子相近，都认为“天”是理所当然的，依循“天”、依循本性也是理所当然对的事情。

但到了荀子，“天”或“自然”不再那么重要，至少不再那么有说服力了。“自然”只是背景，但若只看“自然”，只依循“自然”，就失去了人的立场。“人”的角色被抬高了，“人”应该要有在“自然”基础上进一步运用“自然”的主动作为。庄子所主张的融入自然、顺应自然，对荀子来说，是放弃了“人”的作为，丧失了“人”的立场。人之所以为人，对荀子来说，就在于人能“物畜而制之”，控制自然所给予的条件，创造出人为的事物。

02

荀子对礼的理解与孔孟不同

荀子晚于孟子，而且他很自觉地突显自己和孟子之间的差异。虽然都属于儒家，两个人继承、发展的理念方向很不一样。

孔子出生于公元前 551 年，到公元前 479 年去世，活跃于春秋后期。延续西周封建王官学的传统，孔子特别强调礼的重要性，而且明确地将礼和法看作既相关又对立的两股力量。《论语·为政》说："子曰：'道之以政，齐之以刑，民免而无耻；道之以德，齐之以礼，有耻且格。'"用法（使用刑罚）只能让人民因害怕而避免犯罪，然而其心中没有羞耻感，也就没有自发的克己行为。相对地，以礼进行规范，人会发自内心遵从正当的行为法则。显然，礼比法更接近人的根本，礼比法更重要。

法是外在的威胁和强迫手段，这种纪律和规定背后隐含着让人害怕的惩罚。孔子没有否定这种手段的正当性，甚至认为其有存在的必要性，但这毕竟是次要的手段，礼才是首要手段。依照孔子的看法，礼是一种由内而外、发自内心的合宜人际行为。礼的特殊之处就在内外的交融，内在情感和外在行为互动配合，彼此加强印证。

一所学校规定学生要有礼貌，看见老师、校长要大声问好，不然就要记警告处分、罚跑操场，于是每个学生尽管心中不情不愿、暗自咒骂，但还是违背本心对着老师、校长大声问好。依照孔子的定义，这种情况绝对不合礼，不是礼的实践。

礼貌是外在的，然而礼貌的作用乃在让人执行外在动作时，体会、认知如此动作的内在道理。由外而内，启发了他内在的尊重长辈的天性，于是他明白了礼背后的精神，不再是出于害怕受罚，也不是出于无意识习惯，而是出于一份真实敬长的心意，自然地跟老师、校长问好，这才是礼。

为了不使人误以为礼不过就是一些固定的行为规范，经由反复训练植入并管辖人的行为，孟子特别提出了一套完整的性善解释。为什么人性本善？因为人内在天生具备正确处理人际关系、与人良好互动的天性，礼不过是将这些天性系统化的结果。如此，礼之本就在我们内心，根源于我们的真实感情，礼也就绝对不是强加在我们身上的束缚，不是一套训练方案，不是反射动作，礼唤醒我们内在的共通情感，找出给予这些情感秩序的方式。

强调礼，强调礼之本，就是认为可以在人的内在感情上找到礼的本源，显然就不能不假设性善——礼及秩序从人的本性、本能而来。这是孟子学说和孔子思想最密切相关之处。

但荀子反对孟子的观点，尤其反对孟子的性善论，并针锋相对地提出了性恶论，那么我们就知道，荀子对于礼的看法，以及礼在他的学说中的地位，必定和孔子、孟子大不相同。

03

儒家思想的变迁

春秋战国时的诸子百家中，儒家占有特殊且暧昧的地位。从一个角度看，儒家是西周王官学的继承者，其基础信念、尊崇的典籍，乃至于奉行的规约，都来自王官学。但从另一个角度看，孔子却将这套王官学教育内容从原来的贵族身份系统中抽离出来，改造成有教无类的普遍教育，去除了其中的贵族性质。再换第三个角度看，东周剧变环境下，旧有的王官学随着封建崩坏快速丧失了原本的权威地位，因而主张保存旧价值、旧秩序的儒家，也就必须和其他许多新兴的学说激烈角力，争取国君和人民信从。

凭借着个人能力与魅力，凭借着庞大的弟子团体，自公元前 5 世纪以降，孔子掌握了封建贵族王官学的解释权。原本属于封建贵族的王官学，脱胎换骨变成了儒家的内容。脱胎换骨的过程中，有些部分被忽略了，有些部分被强调了。礼就是被特别拿出来强调的部分，尤其是对礼之所以为礼（内在精神）的探讨，是孔子格外在意的。

正因为礼是孔子思想的核心部分，所以在孔子死后，弟子们对于礼的解释特别容易产生分歧，进而由思想上的分歧发展为不同的门派。《韩非子·显学》说："自孔子之死也，有子张之儒，有子思之儒，有颜氏之儒，有孟氏之儒，有漆雕氏之儒，有仲良氏之儒，有孙氏之儒，有乐正乐之儒。"

后世将孔孟并称，然而孔子和孟子不是同时代的人，两人之间差了将近两百年。孟子出生于公元前372年，距离孔子去世已经超过百年。孟子活跃的时代，儒家早已分为好几派，孟子师承前面列举的"子思氏"一派。子思是孔子之孙，受业于曾子，所以是沿着"孔子—曾子—子思—孟子"的系谱传承的。

曾子、子思这派，格外强调人的内在，尤其是修养上的诚心真意。顺着这条思想脉络，到了孟子，就更在意区分礼和法。礼和法不是两套行为规范，礼和法不能放在同一个层次上来讨论，礼是根本，法是衍生的、第二序的，只能看作实现礼的一种手段，甚至是一种不得已，能少用就尽量少用的手段。

孟子主张每个人都有相近的天赋，那就是"性"。这一天赋让每个人都不教而能，天生就有共通的喜好，喜欢吃的美味一样、喜欢的舒服享受一样、喜欢的人际秩序也一样。看到好的东西，每个人都觉得好；看到危险的现象，每个人都觉得危险；看到对的行为，每个人都觉得对。这种直觉判断能力，既是我们"性"（自然天赋）内的“善”，也是人能够集合起来建立一个“善”的社会的基础。

礼不是特别聪明、特别有道德的人发明的，礼不过就是人人共有的“善”的反映，或者说是人人共有的是非好坏判断累积起来的结果。丧礼、葬礼是怎么来的？依照孟子的解释，丧礼、葬礼不是圣人发明了交给大家来遵守、执行的，而是许多人从实践中总结出来的。比如前文曾经举过的关于葬礼起源的例子。

礼源自天性和本能，守礼让人强化、深化天性、本能上的这份善，因此，人要用对的方式活着。从孟子的观点看，做到这些一点都不难，不假外求，相信、听从自己的道德直觉，去除遮蔽、阻碍这份直觉的种种干扰，回归本性就是了。

因为性善，所以只要回归本性，就能做个对的人，过对的生活。有时我们迷失了，有时我们缺乏足够的资源回归本性，那么，孟子主张：我们可以借由观察、体会和我们具备同样本性的其他人的善行，也可以通过遵行依照为这份本性而制定的礼得到协助。礼的作用便是如此，重点不在礼本身，而在礼对我们内在真诚原意本心的启发。

法的作用就更有限了。法是针对少数无法回归本性，找不到内在可供依循善良判断的人，才制定的外在强迫、惩罚方式，为的是逼他们就范，让这些人不至于伤害别人，伤害自己。法当然是次级的，按道理说，绝大部分人只需要礼，可以不与法扯上关系。古代封建贵族的“刑不上大夫”，在孟子那里就被理解为：有地位、懂得自尊自重的人，依靠礼就能自发地表现善行，不需要法的强迫和约束。

以性善为前提，孟子整理了礼和法的关系，还建立了一整套完整的政治哲学，引诱、教导、督促国君保护人民，提供条件让人民发挥本心形成自主管理的社会秩序，那就是最好、最高明的统治作为。“不夺民时”“保民而王”，是孟子写给国君的基本政治守则。

04

荀子的时代不同于孟子的时代

孟子的时代和庄子极为接近。公元前 4 世纪末到公元前 3 世纪初，这是个处士横议的时代，没有了标准答案，没有了固定的上下框架，谁都能发表意见，谁都迷惘地奔走寻找答案。

言论膨胀，相对地，接受这些言论的对象却没有增加得那么快、那么多，因为这些言论针对的对象主要还是拥有权力的人。有权力的人才有办法改变社会，这是当时的普遍信念。于是不同的言论之间，就产生了越来越激烈的竞争。

从春秋到战国，国与国之间的关系越来越紧张，兼并、亡国的事件发生得越来越频繁，做一个国君也就越来越不容易，压力越来越大。做错一个决定，就可能丧失好几个城池，甚至可能从此失去了国君的位子。另外，国君必须要做的决定不断增加，但用来考虑计划和决策的时间却不断压缩。

小国有小国的痛苦：夹在大国之间，武力不足以自保，不小心得罪了大国，兵临城下立即就有亡国的危险。大国也有大国的困扰：不只是大国与大国之间互相虎视眈眈的牵制，而且国中的其他大夫也可能不断坐大，大到足以威胁国君，甚至僭越高位，取而代之。那样的时代，当国君还真不是什么好事，必须接受内外交迫的重重考验。封建宗法规定让你不能不做世子，然而败破倾颓的封建宗法却无法保证你不会被其他觊觎世子位子的人陷害、暗杀。同样，你不能不当国君，当上了却无从知道自家的大夫在背后如何算计你，也无从知道邻国接下来会采取怎样对你不利的举措。

国君迫切需要协助，他们不能忽视任何好意见、好主张。治理国家的工作中很重要的一项就是不错过、不放过任何新兴有效办法，随时积极掌握这些可能提供好意见、好主张的人才。处士横议，“议”给谁听？给这些身处内外压力之下的国君听。就算听到觉得刺耳或荒谬的意见，那个时代的国君也必须学会容忍，因为若是得到了“不听”“不能兼听”的名声，可能提供好意见、好主张的人就不愿到他的国家来，这会给他带来强烈的不安全感和危机感。

大家都有机会到各国国君前面表达意见，那就看你如何“议”，如何将自己的主张说得最有利、最有道理，也看你如何把别人的不同意见比下去，让国君从这么多“横议”中选中你，按照你的意见行事，同时给你高位、权力。

如此产生了雄辩的风潮。雄辩成了那个时代共同的标示、印记。

不过，也就在孟子、庄子活跃的时代，雄辩风潮有了下一波的重大变化。荀子出生于公元前313年，比孟子、庄子晚了六十年。到荀子去世的公元前238年，已经是战国末年了，再过十多年，秦始皇就完成了统一，建立起新的帝国。

这六十年的差距极富意义。等到荀子崛起时，雄辩风潮已经到了尾声，处士横议的现象也大幅收敛，不再热闹了。这种变化的背景，是这几十年间，国与国之间的争战局面，有了越来越明显的强弱分野。

处士横议成立的条件，是列国竞争，人人有机会，个个没把握。从春秋到战国，几十个国消失了，只留下“战国七雄”加上零星几个小国。在孟子的时代，这“七雄”之间又逐渐分出等级来，韩、赵、魏、燕这几国在实力上和齐、楚有一定差距，而这六国又都在实力上，越来越追赶不上西方快速强大起来的秦国。

到荀子的时代，已经不是“七雄”的平行竞争了。秦国已经确立了在列国中最强大、最可怕的地位。相应的，关于秦国崛起的原因也就有了越来越确定的说法——秦国强大的关键，是秦孝公任用商鞅进行变法。而商鞅变法的关键意义，不在于制定了怎样的法，而在于让法凌驾于封建宗法规范之上，也就是“王子犯法与庶民同罪”这句话所代表的精神。

依靠变法，秦国得以由中原大国不放在眼里的西方边陲小国崛起壮大，威胁每一个传统中原大国，不也就验证出如何在战国情境下治国最好的答案了吗？处士横议现象消退了，因为能够“议”、需要“议”的空间快速萎缩了。有秦国成功壮大的现实在眼前，其他意见和主张能够和法家平起平坐来“议”吗？

这时候的言论状况从原本雄辩的开放扩张转向以法家为中心收束合拢。梁惠王见孟子时也必须再听取其他几十种不同意见，试图从中找出最适合当时梁国的方针；然而等到秦昭襄王即位，他不需要考虑那么多主张，大家早有共识，国家也有了基本的发展方向——国富民强，以便凌驾于其他国家之上。

追求富国强兵，一定得管得住人民，这已是共识。把人民管住，首先要让他们尽量依附在土地上，不随便搬迁。和平时期，他们是可靠的生产来源；遇到战争，他们是可靠的兵力来源。要可靠，当然就不能迁徙变动，不能今天在你这国，明天就搬到隔壁你的敌国去。

要打胜仗，那就必须有严格的军事组织与纪律，纪律的基础，是整齐划一，减少差异，每个人都一样，听从命令做一样的动作。

处士横议时代，面对身上可能带有治国、救国秘方的游士，国君相对谦虚，因为他们没有把握哪个主张真正有用，哪个最有用，所以不愿也不敢错过任何一个。到了荀子形成其学说的时代，这种状态已不存在了。对于富国强兵的国政，国君心底有了基本方案，不再是惶然的无头苍蝇。他们没打算听那么多意见，他们需要的，只是在大方向上的仔细规划、调整。

王权不断升高，不只对于游士，而是在每个方面，国君和其他人之间的权力差距都快速扩大。事实上，这也成了富国强兵方案中的一部分。国君的权力越大、越集中，就越能够有效动员进行生产和战斗，越能够提升国力打败邻国，进而将其吞并。现实的教训看起来是：权力分散带来组织松散，组织松散的国不论在生产或战斗上，都抵不过组织严密的国。

王权升高，像苏秦、张仪或孟子那样直接在国君面前侃侃而谈，运用雄辩技巧惊吓，甚至激怒国君，给国君留下深刻印象的做法也就不可能了。于是直接的、面对面的口语雄辩风格没落了，取而代之的是间接的文章表达，游士对文理、逻辑和修辞的重视程度越来越高。问答对话不再流行，取而代之的是小心谨慎的严密说理。

05

大一统前夕的思想家

荀子所处的时代，大不同于孟子的时代。那是大一统的前夕，那是大一统的思想与文化气氛开始笼罩的时代。

荀子的中心思想和孔、孟大不相同，他主张礼是人为的，不是出于自然、共通的天性。孟子笔下的圣人智慧在于整理、统合了人人皆有的内在礼的精神秩序，使其外在制度化。荀子笔下的圣人，和一般人之间有不可跨越的差距，礼是靠圣人的圣性、超越的智慧创造出来的。圣人见到了一般人见不到的，想到了一般人想不到的，尤其是见到、想到了如何才能让大家有秩序地一起过团体、社会生活。

依照荀子的说法，圣人创造的礼，非但不是从一般人的天性而来的，反而就是为矫正一般人的天性设计的。礼是违背一般人的天性的，因为一般人的天性在没有受到礼的约束、训练的情况下是“恶”的，只有违背、限制这份“性恶”，才有可能创建好的、有秩序的、礼的环境。礼是圣人造出来的，一般人则是通过“学”才变得有礼，接近圣人，成为合格的社会成员。

荀子和孟子很不一样，而且是学说理论的根本差异，无法调和、无法并容。孟子的思想中，礼和法分属两个不同层次的范畴，礼是源自人性的根本道理，法却是不得已才设计、采用的补助手段。相对地，在荀子的思想中，礼和法就没有这样的决然差别。礼和法同样都是人为设计的外在秩序，与人的内在本性无关。礼是通过传授和学习得来的，法则是逼迫性质的，人们为免受惩罚而遵从。换句话说，礼和法的区别不是本质性的，而是程度的不同。礼管辖的范围广些，强制性相对没那么强；法管辖的范围较窄，强制性相对较强。

人若是受教，那就学会了礼，遵守礼就成为合格公民。但要是不受教，那就由法强迫就范，仍然要此人回到行为框架中，不得逾越。礼和法密不可分，最严格的礼，就进入了法的领域；最宽松的法，也就和礼的范围重叠了。两者之间没有一条明确的界线。

人在学的过程中内化了规矩，以至于不再意识到规矩条文，那就是礼；没有彻底内化，而让我们感觉到应该遵守，若不遵守就会受到有形或无形惩罚压力的，那就是法。也就是说，对一些人来说是礼的行为，对另外一些人却可能是法，这分别因人而异，因“学”的成果而异，两者之间，仍然没有一条明确的界线。

礼与法都是外力，只是礼的作用较深入，到达内心；法的作用较浅，靠恐惧和威胁维持。

时代的变化和个性与信仰让孟子的思想带有高度的理想主义色彩。因为相信礼来自“性”，相信每个人身体中都具备构成礼的基本善性，孟子的思想也就对个人抱有较高的信任，主张每个人可以靠发掘自我内在善性达到礼的标准，提升自己的人格地位。孟子看重个人自我觉醒、自我意志，相对不那么喜欢外来的强迫力量。外力只是让人更有效找回内在善性的助力而已。简单地说，孟子是要我们了解：“只要成为原来的、真实的自我，你就能同时成为好人，成为道德人格上高尚的人。”

06

荀子未成为儒家的典型代表

由孟荀差异还原孟子思想的大纲，我们就能看见，孟子这种强调个人内在自主觉醒力量的看法，在中国传统中从来都不曾是真正的主流。宋明理学中有程朱派和陆王派之争，程朱派强调的“格物致知”是“学”，陆王派主张的则是“明心见性”。取径上，程朱派接近荀子，陆王派接近孟子，两派相持，势力较大的，明显是程朱派，而且程朱派还攻击陆王派“流于狂禅”，不是中国孔孟的正统，是受到佛教，尤其是禅宗影响的产物。

事实上，理学运动就是在佛教的刺激下产生的，程朱派说“性”、说“理”、说“气”，何尝不是从禅宗那里得了许多启发？程朱派攻击陆王派的理由，与其说显示了“儒”和“佛”的差异，还不如说反映了人们长期以来不了解孟子、不能接受孟子理论的态度。

从政治上看，孟子更是边缘。我们几乎找不到哪个皇帝是真正相信孟子学说，遵从、实践孟子政治理论的。虽然语言文字上都说“孔孟”，然而若细究其内容，我们找到最明确的，往往是荀子的主张、教导。性善的启发，明显没有外在教诲、训诫来得重要，当然，对必须统治庞大帝国的皇帝来说，借由学习让人民行为统一乖顺，也要比保护人民、让人民回归自我本心来得既容易又有利得多。

许多被视为中国文化精华的思想，传统上归于“孔孟”，实际上功劳应该追溯到荀子才对。同样，中国文化中许多被强烈批判攻击的缺点，传统上也习惯怪罪于“孔孟”，其实“孔孟”往往是替荀子背黑锅的。

明明是来自荀子的思想、学说，为什么后来都不提荀子的名字呢？历史上一个重要的理由是：荀子去除了礼和法之间的决然界限，也就去除了原本儒家和法家之间最清楚的区别。孔子、孟子的思想绝对不可能与法家混同。荀子的性恶论实质上将礼往法的方向推了一大步，也就使自己的立场朝当时日益壮大的法家靠近了一大步。

荀子教出了一个有名的学生，也就是后来在秦始皇统一六国时发挥了极大作用的李斯。荀子的思想还强烈地影响了一位同时代的论著者韩非。李斯、韩非都不属儒家，而是不折不扣的法家。从秦王政到秦始皇，从秦国到秦朝，荀子的声望、地位一直很高。但也因为如此，秦灭亡之后，荀子的声望和地位也随着秦和法家的崩塌而快速崩落。

汉朝建立之后，统治者花了六十年的时间不断摸索统治的方式。这六十年，可以用太史公司马迁的一句话总结，就是“汉承秦弊”。这六十年里唯一不变的政治价值观是：秦朝是个鲜明的错误示范，如果秦朝不是那么糟、不是错得那么厉害，那也轮不到沛下无赖刘邦取得天下。汉朝新立，要做的第一件事就是检讨秦的错误，无论如何不能重蹈秦的覆辙。

汉文帝时形成的与民休息原则，就是在反思中产生的初步答案。秦之所以灭亡，是因为使民过度，人民受不了，纷纷揭竿而起。反其道而行，那就尽量不要扰动，尽量少使役人民。

汉武帝时终于建立起了汉朝自身的帝国统治法则，那是一套名为儒术实质上掺杂了许多阴阳概念的“天人感应论”，但既然名义上独尊儒术，那当然还是把孔子抬了出来。孔子一时间几乎被神化了，然而相对地，曾经和秦朝、法家有过密切关系的荀子，在这种气氛下就不可能沾光得到什么好名声、好地位。

汉朝以降，虽然荀子思想的影响极大极深，却因为和法家的历史纠缠，使得他无法在儒家传统中得到太多的肯定。荀子的影响作用和名声地位之间，一直有着很大的落差。

07

荀子对人的分类和秩序界定

荀子主张：圣人有和大家都一样的部分，那就是“性”。但圣人之所以为圣人，是因为圣人比较聪明，看出了“性”是恶的，如果放任人依照本性，那就会争，就会彼此伤害。因而圣人以人为的设计，去弥补天性给予人的缺失。

礼是“伪”的。“伪”字在荀子的著作中，不是伪造、虚伪的意思，他用的是这个字的本意，即“人为的”，也就是和自然、天性相反的意思。礼是由圣人造出来的。圣人和一般人最大的差距在于看到了一般人看不到的，找出了一般人找不出来的困境出路。

荀子论述道理时，高度依赖“分类”。他的基本论理模式，就是将纷纭复杂的现象先进行分类，然后再依类别来推演。荀子论理时，很少谈普遍的人，很少假定对所有人都有效的普遍真理。

《荀子·儒效》从“儒”的角度，将人进一步区分为圣人、君子、劲士、雅儒、小儒、俗儒、俗人、众人和鄙夫。荀子很少概括地谈人，他的视野中看到的，不是人，而是复数的、差别性的类别。

在荀子的思想中，最基本的分类是将人分为圣人、士、君子和民四种。

荀子和孟子一样，都相信、主张“人皆可为尧舜”。战国儒家认为尧、舜等圣人，不是在特定的历史时空条件下完成不可复制功业的某个非凡、伟大人物，尧、舜代表的是人能想象的最了不起的成就，内在具备了仁义德性，外在又有充分权力可以实践仁义，造福天下。然而关键在于，即使是尧舜，即使是完成最了不起成就的人，和我们都没有决然不可跨越的界线。我们和他们之间，有着明确可以由此之彼，从这里到那里的联系。

对孟子而言，从凡人到圣人的联系，是共通的善性；对荀子而言，则是学。只要你愿意学，知道怎么学，人人都可以由士而君子而圣人，没有先天命定的限制将你和圣人隔绝开来。

学有三个高下不同的层次：懂得学、实践学的，能成为士；诚心向慕学的，能成为君子；彻底掌握了学的，能成为圣人。靠着学，最高可以成为圣人，至少也能成为士。拼搏向上全都靠自己的决心与努力，谁能阻止我呢？

因为儒家强调学，尤其强调学一来不受限于他人，自己就能决定、就能实践；二来可以突破既有的现实限制，使人“贱而贵，愚而智，贫而富”。做儒家的君子，收获、效果可大了！不需要别人给你官位，你就有高贵、受尊重的地位；不需要别人给的俸禄，你就已经很富有了；话还没说出口，已经取得别人的信任；不必发脾气就已经有威严；困穷时都有名声上的光荣；没有人拥护支持时也能自得其乐。这些最尊贵、最富有、最庄重、最威严的资产，不都是从学上不断累积而来的吗？

荀子的理想社会，重点在于秩序，而秩序的关键又在于一个安排“分”的权力者、上位者。权力的根本作用，就是安排“分”——运用观察与智慧，判断什么样的人应该在什么位置上做什么事，承担什么责任。“分”安排对了，其他人只需依照自己被分配的位置与责任行事就好。换句话说，这个社会里绝大部分人是被动的，主动权握在上位安排“分”的人手中。

不一样的人，有不一样能力，该放在不一样的位子上。安排“分”，有根本的层级法则。最低一层，是民，民的基本性质是随俗，觉得别人怎么做自己也应该跟着做，追求物质上的富裕，认为把自己照顾好、妥善养生就是责任的极致，不会去想其他更广更高的目标。

比民高一层的，是士。“行法至坚，不以私欲乱所闻，如是，则可谓劲士矣。”严格遵奉法令，自觉地节制私欲，不会“利令智昏”，被欲望冲昏头丧失基本智能，扭曲所闻所见，能做到这样，可以算是刚强有原则的士了。

比士高一层的，是君子。“行法至坚，好修正其所闻，以矫饰其情性。其言多当矣，而未谕也。其行多当矣，而未安矣。其知虑多当矣，而未周密也。上则能大其所隆，下则能开道不己若者。如是，则可谓笃厚君子矣。”和士一样，君子也必定严格遵奉法令，不过比士更进一步，君子还会以法令原则来修正自己，依照法令调整自己去看什么、听什么（类似“非礼勿视，非礼勿听”的修养），依照法令矫正自己的本性。

君子说的话，大多正确，只是他知其然而不知其所以然。他的行为大多正确，只是他还未将行为法则彻底内化。他的思想大多正确，只是还未完整周密。君子对上能够让他推崇尊重的人扩展影响力，对下能够指引领导不如自己的人。君子的主要德性，是笃厚。

比君子再高一层的，是圣人。“修百王之法，若辨白黑。应当时之变，若数一二。行礼要节而安之，若运四枝。要时立功之巧，若诏四时。平正和民之善，亿万之众而抟若一人。如是，则可谓圣人。”遵循经过百王反复试验的法则，像辨别黑白一样容易；有了法则又能应对现实的变化，像数数一样容易；行为合理入节不会逾矩，像运用四肢一样自然；准确把握时间有所成就，像掌握四时季节一样自然。而且有充分能力稳定政治、调和人民，使亿万人团结如同一个人般。做得到这样，那就是圣人了。

圣人和君子的差异，在于成就规模大小，更在于成就的难度。君子必须通过自觉努力才能有如此成就，圣人做起来却很容易、很自然。唯有内化了这些原则价值，不费力就能依循，才有办法完成大规模的功业。

08

从荀子到法家的过渡

圣人的特性是创立礼义规范，抑制人的本性。士和君子比圣人低一层，他们无缘参与制定礼义规范，但他们看得出来礼义是好的，是对的，所以自觉地遵守礼义、护卫礼义。再低一等，是民或小人，他们不懂礼义，他们的行为有时符合礼义，有时违背礼义，他们无法靠自觉合于礼义，必须经由外在的力量来约束。

荀子还划出了比小人还低、还糟糕的一类人，那是役夫或鄙夫，这种人不遵从礼义，而且会扰乱礼义、颠倒是非。这个分类，明显是为荀子的论敌而设的，那些他所反对的人就被归入比小人还差的役夫、鄙夫中去了。

虽然借由学，荀子设想了各种不同分类之间的流动可能性，然而他的圣人带有两种不完全一致的性质。“法先王”的圣人，可以借由学而臻至圣人的地位，但更重要的“先王”是那些首先人为地创立礼来矫正人性之恶的原始圣人。“先王”的聪明洞见不可能来自学，只能来自某种神秘的特质。孟子的性善论可以解释圣人的来历——只要向内挖掘本性，就能找到善性；相对地，荀子的性恶论不可避免地使得圣人带着与一般人不一样的特质。

在论理上，荀子的主张经常游移于分类究竟是固定的还是可流动的。例如谈到役夫时，荀子形容他们是“听其言，则辞辩而无统。用其身，则多诈而无功。上不足以顺明王，下不足以和齐百姓”。译成白话，荀子对他们的评价是很会说话，说得天花乱坠，却没有系统地认识真正的道理；让他做事，狡猾而无效率；对上不服从，对下没有领导能力，这种人是奸人之雄。那要如何对付奸人之雄呢？荀子的主张不是教化改造他们，而是“圣王起，所以先诛也，然后盗贼次之，盗贼得变，此不得变也”，也就是把他们抓起来杀了再说，而且要优先抓、优先杀，比抓盗贼、杀盗贼还要迫切才行。

荀子不认为奸人之雄有可能改变，因而他主张的治理方式是分类、辨识、归类，被归入为像役夫这种有害类别的人，就将他们消灭掉吧！在这个态度上，我们可以明白看出荀子和法家的相近之处。

荀子的根本精神仍然是儒家，因为他重视礼。对荀子来说，礼的起点是“分”，给每个人确定的位置、身份，同时给予和这个位置、身份相应的规矩。礼是圣人以超越的智慧制定下来的，因为什么人该在什么分类有什么位置也是由圣人超越的智慧决定的。

孔子、孟子的礼带给人内在自我修养，最重要的作用在于教导、引导人做对的事，成为更好的人。但荀子思想中礼的作用，明显偏向于外在的、集体的一面，而非内在的、个人的。荀子的礼的主要作用是“和齐百姓”，让每个人按照自己的身份整齐划一地行动，压抑、去除本性中的乱与争，创造一种人为的和平秩序。集体的和平秩序，才是至高的目的，其位阶高于任何个人。

荀子教出两个学生，一个是法家理论的集大成者，一个是法家统治最重要的实践者，这样的结果，显然不是偶然，也并非意外。在荀子的时代，战乱拖得更久了，带来的破坏与伤害更深了，人们对于新秩序的渴望也就更高了。高到几乎愿意付出任何代价来换取和平，换取一套可实现的秩序。同时，封建旧观念对人们的牵制、约束到这时也已荡然无存了。

墨子、杨朱所提出的激烈、极端主张虽然流传一时，却因为和遗留的旧秩序、旧观念严重抵触，最终无法真正落实，只能以空想的理论形式存在。但社会状况持续恶化，终于恶化到封建残余信念都维系不住了，原先的人际关系彻底消失，于是有了重新从根本上设想新关系的空间，可以在其中提出建立和平的具体主张。和平的需要超越了一切，集体秩序的需要超越了任何个人考虑，在这点上，荀子和法家的态度是一致。

孟子像

荀子像

屈原像

庄子像

第 七 讲

重读法家

01

法家在诸子中的优势

诸子百家针对周代封建瓦解后提出种种对策、主张，各家的思考、答案纷纭不一，然而这些思考、答案应对的是同样的现实环境。

儒家的根本主张是复古，坚持原有的封建秩序是好的。复古的方式则是找出封建的核心价值，那就是礼，再借由礼的教化，使得人人守礼，重建秩序，终结战争与乱局。

道家反对保留封建旧制，要去寻找比封建更古老、更普遍，也更恒常的“道”，以永远的“道”来建构新秩序。《庄子》有《齐物论》，“齐物”是个吊诡的论辩，中心其实是承认、肯定“物之不齐”，万物各有其性，各有其理，所谓“齐物”是平等地尊重万物自性自理，不用任何一物来压迫、改造另一物。对庄子来说，

“齐物”和“逍遥”是一回事，同一种境界，都是取消人为的偏见，取消主观的大小、高下分别，回归自然之多样差异。主观的、统一的标准会带来种种的龃龉、冲突，重此轻彼，非但无助于建立和平秩序，而且是自然条理的最大破坏力量。让每一样东西、每一个现象都依照自我本性得到自己的位置，不相干涉、干扰，那就是“相忘于江湖”，是至高的和平境界。

老子对于“道”的看法和庄子一致，但他提出来的解决方案不一样。老子教人掌握自然之理，然后以自然之理进行自我调整，顺应自然之道，找出最有利的策略。庄子说的是全面的情况，提出的是以天下为范围的思考与解决方案；相对地，老子却将范围大幅缩小到个人层面，考虑个人如何聪明地运用自然之理来处世。庄子解释世界，主张让整个世界都恢复到原来的“自然”状态；老子则着眼在个人如何运用对于世界的理解来获取好处、取得权位、保有权位。

从庄子到老子，我们看到了战国思想的变化趋势，说明相对于其他派别，法家最重要的长处是什么。

儒家、墨家、庄子，都是以天下为范围来思考的，提出的方案都是要解决天下战乱、骚动痛苦的。他们想的，是天下该变成什么样子，又如何从现实变出理想中的未来。这些主张吸引人之处，在于其全面性的观照，但这些主张的问题，也在于其全面观照而无法解决任何特定人在特定处境下的困难。

老子转而将全面的道理当作背景、前提，专注教导个人如何处世，大幅缩小了问题意识的尺度。法家也是如此。虽然法家也有对于时局的普遍性说明，但法家真正关心的，不是整个世界、整个时代该怎么办，而是有针对性地认真解答，在这样的时局中，一个君王该做什么。

02

法家都是现实主义者

处理战国时代史料时，遇到与“家”相关的，有时要稍微提防小心。在诸子百家的大架构下，后世研究者很容易习惯性地将许多材料分类放进“家”底下，好像这些“家”原来就整齐地存在着，如此一方面忽略了各家复杂的来源发展，另一方面也混淆了被放入同一“家”里的差异化内容。

例如农家，它也是诸子百家中的一家，但那个时代从来不曾有一个统合的、明确的农家存在。被归入农家的内容，有一部分是实际的农业知识，源自前面描述过的战国农业技术精进改良，包括中国最早的水利工程探索与试验。这部分农家思想的特点在于对天时、气候的观察与利用，讲究四时变化与万物消长，和“阴阳家”是彼此交错发展的。更复杂的是，到了战国后期，这套四时阴阳理论又和儒家产生了密切关系，儒家的《礼记》《易系辞》等后期的文献都带有强烈的阴阳理论色彩。

农家的另一部分内容则是农业本位的人生或社会主张。如同《孟子》书中所记载的许行，强调如果人人都是农夫，如果这个世界上农夫以外的行业都消失了，那么战争就会结束，大家都能过太平日子。这是极端的平等主义，除了重视农业之外，农家还有取消国君、贵族、商业交易等激烈的社会革命主张。这套思想流行的时期，和秦国借由强调“农战”兴起重叠。在战争态度上，这派农家和秦国的态度相反，然而在抬高农民地位，将农业与农民视为“本”，相对贬抑商业活动的观点上，两者又是相同的。

处理法家材料时，我们也要有同样的警觉，法家不是先天就存在的“家”，后来被并入法家的内容，其实有不一样的来源。

法家的特征，是抬高法的作用，提倡法高于一切。不像儒家有孔子、墨家有墨子、道家有庄子，法家并没有一个理论上的始祖源头。传统上，法家的系谱可以追溯到管仲、吴起、商鞅和魏文侯时的李悝，但一来这个系谱的建立相对较晚，二来这些人都不是著书立说的人，而是实际承担政局统治责任，辅佐君王的人。

显然，到这个法家系谱成立时，法家的基本性格已经很明确了，那就是法家主要面向现实、实践，重点不在思考、理论。法家的出发点和儒家、道家很不一样，不是要讲道理，不是要提供解释，而是要解决问题。法家的出发点和墨家一样现实、功利，但法家却又绝对不同于墨家，法家要解决的，不是一般人的痛苦、一般人的处境问题，而是少数国君面临的问题。

前面说过，从春秋到战国，国君越来越难做。每个国君在有限的一生中目睹了其他封国消失，这些封国有的被篡夺，有的被并吞。国内世卿坐大的情况威胁他，国与国之间越来越激烈的竞争压迫他。稍有松懈疏忽，他自己的地位、生命，以及整个国的处境，就可能落入危险中。

他需要的，是立竿见影能够让国家强大、让自己安全，不会在竞争中掉队，不会遭到并吞沦亡的实际办法。有意思的是，被拉来作为前期法家代表性人物的，管仲在东、吴起在南、商鞅在西、李悝在北，环绕着中原核心，东西南北各一位。让他们发挥法家治术，得到突出成就的，都是相对边陲的国家。这些非核心地区，受到的封建传统拘束没有那么深，因而能更现实地接受超越原有封建制度的想法与做法。

这几个人不是思想家，也不是论辩之士，理论对他们来说没有那么重要，他们是现实主义者，这点让法家和其他各家明确地区别开来。他们的出发点，就是已经分崩离析、彼此竞争的新列国形态，不考虑也不讨论列国形成前的旧制度。和儒家、墨家、道家都不一样，法家从现实出发，想的是特定国境之内的问题，吴起设计、推行的办法是基于吴国的立场，以解决吴国的问题为目的。同样，商鞅设计、推行的办法是回应当时秦国的情况，不是要建立一套放诸四海皆准的道理。

法家的眼光要比其他各家有限得多。其他各家基本上都由“周文疲蔽”的时代大问题出发，试图振衰起蔽，他们提出的方案基本上也都是超越国境国界的，因而需要诉诸自然、天性来证明这些主张的普遍有效性。法家却摆明了，法本来就是人为人造的，是人想出来的一套秩序，用来收拾混乱、消除混乱。

03

前期法家

法家的发展，大致可以分成前期和后期，前期最重要的代表性人物，也是对法家现实治术方案做出最大贡献的商鞅。商鞅在辅佐秦孝公时，进行了一连串的改革，改革的核心概念，有一部分是从李悝那里承袭过来的，而商鞅将之执行得更为彻底。

商鞅的核心概念，或说一个新的视野，就是要以一套通贯的法来取代依随不同身份而变化的封建成规。反过来，商鞅的成就加快了封建秩序的瓦解。商鞅的出身是卫国公子，却在秦国掌握大权，因为客观情势上，秦地处边陲，发展较慢，一直到战国初期，都还被中原国家认定为野蛮、淫乱的地方。也就是说，秦的封建根基相较而言没有那么深、那么稳固。

一个封建传统不深厚的国家才有可能进行从量变到质变的巨大

跳跃。在别的地方，封建规矩依然管辖、提供人与人之间的互动基础，很难采纳一种完全不一样的新制度。商鞅的激烈态度就是否定了封建的合法性，直接表明现实问题不在于如何恢复理想的封建秩序，或改进封建秩序，而在于封建制度本身是落伍的，是束手束脚的阻碍，必须先抛弃封建制度，再另起炉灶。

由商鞅启动，秦花了大约五十年的时间，废除了世卿和世禄。这群地位最高、对国政影响最大的大夫获有丰厚的封国待遇，不只他们的封国可以代代相传，父死子继，就连他们在国政上的权力都可以由父亲传给儿子。而且这些世卿还依循着封建大小宗逻辑，子孙蔓延，一支一支分出去，形成庞大的势力。国君只能通过世卿来管理国政，也就是说，尽管表面看国那么大，但实际上国君真正能直接掌控的，只有少数几个世卿。

即便是这几个世卿，国君也不见得有把握可以牢牢掌控。世卿拥有世禄，代代传袭，那是国君动不了、拿不走的靠山。有时候，单一的世卿坐大，资源和实力超越了国君；更常见的，是几个世卿联合起来，很容易就架空了国君。这是春秋、战国时期最普遍的国政倾覆原因。

商鞅从根本上推翻世卿和世禄，卿和卿所具有的权力及俸禄不再能够世袭，改成“及身而终”。再了不起的卿，一旦死了，他的权力和俸禄就会被国君收回来，另外交付其他人。如此，卿就失去了一部分独立性，向为国君服务的功能角色转型。

将世卿身份、俸禄改为“及身而终”，商鞅实质上连带简化并改变了原有的封建层级。没有了“世俸”，不能传给儿子，卿当然也就不可能再用以前的方式将自己握有的资源往下分封给其他大夫。说得直白些，这一做法断绝了卿培养大夫、控有自己封国的路径，不只大幅削弱了卿对国君的威胁，而且改造了所有人和国君之间的关系。

封建体制下的效忠关系是层层效忠，士忠于大夫，大夫忠于世卿，世卿才直接服务国君，而且在几百年的分封绵延下，层叠关系远远多过概念中的“士一大夫一卿”，有更多的复杂层级。总的效果，是使得国君和国中最多数的庶民在身份距离上越来越远，国君要动员庶民、动员国中资源，也就越来越困难。

由卿抓起，商鞅要创造一个新的原点，让所有的人都直接服务国君，国君可以直接统治所有的人。原先秦王真正的权力，只能在世卿中分配，选择给他们或高或低的位置。改革之后，如果有一个卿去世了，就产生一个空缺，国君可以任用新的人。既然可以将原本不具备世卿身份的人拔擢上来接替，那么国君进一步也就能够任用其他大夫，把他不喜欢、不满意的卿推到权力边缘去。再进一步，逐渐也就没有力量能够阻止国君任用地位更低的士或庶人了。商鞅变法从制度上解除了原来世卿即少数人对于国政的垄断，迫使每个人都必须争取国君的青睐，才能得到权力与俸禄，不再能依恃与生俱来的身份和地位。

在湖北省云梦县出土的睡虎地秦简中，有两份重要的文献，一份是《置吏律》，另一份是《除吏律》。这就是从废世卿世禄开始，国君取得任命官僚体制人员的权力，一路发展到最极致的表现。出生身份所带来的保障消失了，要在国政上占有一个位置，即使是最基本的权力位子，都必须符合国君所制定的行为及能力标准。国君可以“置吏”，也可以“除吏”，国政人事结构不再和原有的贵族身份有关了。

04

商鞅变法与新爵制

废除世卿世禄的同时，商鞅相应地改革了爵制，也就是划分人的上下等级身份的制度。封建的爵是贵族的专属，而且爵是世袭的，换句话说，一个贵族子弟的爵，来自他父亲、他祖父的封建地位。然而商鞅大大扩张了爵所适用的对象，还制定了一套管理爵的上下变动的办法。

今天我们很难还原商鞅所订的新爵制，不过可以清楚地看到，这一套制度从秦沿用到汉朝，在汉朝发展为严密的二十等爵制。也就是说，爵分为二十个等级。实质上，这一制度将国中所有的人依照高下分成二十二个类别。在二十等爵制之下，连最低的爵都没有的人，叫士伍；在二十等爵制之上的，是国君或皇帝；其他所有人都统纳在二十等爵级里。

新爵制的重点在于新的晋爵办法，每个人的爵位是可上可下的，依照商鞅的设计，要晋爵就要靠“军功”。这也说明了为什么要大幅修改周朝封建原先基于身份而设的五爵制，在等级上放大了好几倍。这么多爵级可以持续提供诱因，让人民为了晋爵而配合国家的政策不断努力。

有了新爵制，大部分人民身上都有了可变动的爵级，又因为新爵制规定必须以“军功”来换取向上流动的机会，实质上产生的效果是将整个秦国高度军事化。旧的封建体制基本上是不流动的，出生的身份决定了人的社会位置，人只能在那个位置上固定过一辈子。新的爵级却清楚地打开了社会流动的空间，而且制定了向上流动的游戏规则。

规则很简单，你乖乖积极配合国家设定的目标，付出努力，那么国家就会以晋爵作为奖励，让你取得越来越高的地位。当下，国家以战场上的胜利为首要考量，而且追求得到能有效削弱敌国战力的长远胜利，那么就规定以在战场上取敌人首级的数量作为晋爵的条件。如此就能刺激出人民的动力，不只愿意上战场，而且会在战场上奋勇杀敌，来换取更高的爵级。

不同爵级有相应的好处。国家徭役是按爵级安排的，爵级越高，负担就越轻，爵级越低，就必须承受越重的徭役，这是最直接的好处。配合取消世卿世禄所产生的官僚体系改革，让国君有了越来越多官僚的任命权，也就能够将官位、官俸的获取资格，和爵级搭配在一起。爵级越高的人，能得到官僚体系上越高职位的任用资格，任职时可以获得越好的待遇。

到汉朝，发展完整的二十等爵制有两个重要等阶。一个是第七级，从第七级以上，是官爵，七级以下有爵无位，七级以上有爵有位。另外一个是第四级，第四级叫作“不更”，“更”字是被征用打仗的意思，“不更”意味着到达这个等级，就可以从征兵名单上除名了，不会被强制动员上战场。

这里我们看到的，是从商鞅开始的另一项大变革。以往依照封建的效忠关系，只有士以上身份的人有义务应招去打仗。要打仗，国君得叫世卿动员，世卿叫大夫动员，大夫去动员自己的士，这样层层安排下去。废除世卿世禄的同时，商鞅正式将军队动员系统的控制权收回国君，建立了全面征兵制的雏形。

这样的征兵制在后世发展得越来越庞大，也越来越严格。要爬到第四级的爵位，才能成为“不更”，意味着国内大部分的男子都要“更”。从商鞅开始，秦的征兵频率甚高，一个男子从 23 岁到 45 岁，平均要“两更”，也就是被征用两次。而两度被征上了战场去打仗后，十个人之中大约有六个人就再也回不了家了。如此征用出来的庞大兵力，是秦强大的基础，也是商鞅留给秦的重要遗产。

05

商鞅变法与新土地制度

商鞅变法的另一项，是让秦的土地明确私有化。秦简公时，公元前 408 年，秦国“初租禾”，意思是第一次开始按亩征收禾稼作为租税，这是税制与土地制度上的巨大变革。这件事早于商鞅执政。商鞅的贡献是在“初租禾”的基础上，进一步“制爰田，开阡陌”。

“开阡陌”是将原来划分土地的界线铲除，让农人可以自由选择能够耕种、愿意耕种的田亩。“制爰田”呢？是建立“三年一爰”的制度，由公家保留休耕的“来田”——“来”字的本意是杂草，“来田”意为长满杂草的土田——让农人可以每三年换一次土地，让已经耕种过度的土地休息，转而在上一批“来田”上耕种。

因为公家的力量协助解决了土地私有面积不足以休耕的问题，

如此即便是私有土地都能得到轮休，这一制度保障了农业生产的质量，大大促进了土地私有化进程。

农人的税赋基本上以两种形式支付。一种是“谷粟”，另一种是“刍藁”，“谷粟”是人吃的，“刍藁”则是用来喂马的。人民有责任协助养战马，如此一来，秦国在战马的供应上也快速地成长，明显领先东方各国。

商鞅变法以法为基础，制定了全国上下全体遵守的法，以法推动变法，于是法一立，就能很快而且大规模地产生效果。徒法不足以自行，要让法发挥作用，先决条件是要“信赏必罚”。

在信赏方面，商鞅的做法是在国都南门立一根三丈高的大木头，声明若有人愿意将木头搬到北门去，就能得到高额的十金奖赏。搬根木头就能发财？这样的命令看起来不太合理，大家都觉得奇怪，不敢去搬。于是商鞅就再加码，把奖赏提高五倍，到更夸张、更不可思议的五十金，终于有人接受这巨资的诱惑，鼓起勇气将木头搬去了北门，结果真的得到了五十金的报酬。用这样戏剧性的方式，商鞅给秦国人民留下强烈印象——别怀疑国家的法令，公布了就一定做到。

至于“必罚”呢？商鞅就逮住机会拿秦太子开刀了。太子犯了法，商鞅一样追究，而且特别强调，法之所以无法执行，就因为地位高的人不守法，不将法当一回事。不过，太子毕竟就是太子，犯了法还是不能刑也不能杀，于是妥协的处理是处罚负责教导太子的“傅”与“师”。

虽说“王子犯法，与庶民同罪”，但庶民可没有“傅”和

“师”来代替受罚啊！这里藏着法与法家的根本问题——不管将法的地位提到多高，法毕竟还是低于“王”，法无法真正超过王权、抵触王权。

这里也埋下了商鞅后来遭到车裂的祸根。秦孝公死了之后，太子即位为王，当然就报复性地拿商鞅开刀了。

06

国君与法的关系

法家提出用法来解决世乱，打破封建的身份差异，一律以法平等对待。然而这套主张无法解释法的来源，或说法的根本权威效力的来源。法是怎么来的？法如何让所有的人都遵守？法是商鞅定的，但法的权威却不是来自商鞅，而是来自秦孝公，来自国君。国君的权力才是法的保障，那么如此一来，很明显的，国君高于法，法限制不了、管辖不了国君。

当规则、法令的权威来自一个人，要如何将这个人也纳入规范里？他要证明他是法背后的权威来源时，最清楚的做法就是让自己成为“例外”。管你们的管不到我，因为是我来决定怎么管你们，不能反过来用我管你们的办法限制我、管我。权力者往往是法的“例外”，借由破坏法、不遵守法来彰显自己的权力地位。

回应这个根本的问题，而有了后期法家理论的重要发展。后期法家的代表人物，包括慎到、申不害和韩非。按照传统的说法，商鞅是重法派，慎到是重势派，申不害是重术派，而韩非子是集大成者。放回历史变化的脉络中，这几派其实不适合这样平行并列，各派间有彼此牵连对照的更复杂的关系。

比商鞅晚起的重势派和重术派，其主张主要落在处理法的权威和国君权力之间的关系上。甚至可以说，他们的出发点就在于如何避免再度发生因为侵犯国君王权，而出现立法者商鞅被秦惠文君诛杀的惨剧。对待国君和法这两种权力，重势派和重术派所强调的其实彻底相反。

慎到提出的解决方案站在法的这一边。慎到主张，想要最有效地运用法来统治，国君就应该要将自己的“势”高高地撑起来，“势”抬得越高越好。用“势”将国君和所有人区分开来，表明国君就是法的至高无上权威来源，国君的“势”越高，法的权威相应也越高。而国君的“势”要高到什么程度呢？怎样才是理想上“重势”统治的方法？国君要高到和所有人都不一样，不能有一点一样的地方，国君还要消灭自己主观干预法，以个人意志进行统治的欲望。

在这里，慎到的重势派和《老子》的主张有了微妙的交集。慎到也主张国君应该“静默无为”，而他的理由是，一来国君“静默无为”才能“任法自为”，二来国君有作为就有可能犯错，国君主观决定所产生的错误，都会伤害原本高高在上的“势”，连带破坏法的权威。

国君应该就坐在由各种“势”抬到超越至高的地位上，单纯扮演法的权威来源就好。要做任何事，都通过法，如此没有了个人主观、自我意志，也就避开了个人犯错的可能性，使得别人无法反对你、侵犯你。说得更明白些，慎到主张：对国君最好最有利的选择，是将自己彻底“非人化”，变成一个接受崇拜、膜拜的神像，从至高的地位上立法，通过法来统治，就没有人能反对你了。

在国君的角色，尤其是国君和法的关系上，申不害的主张和慎到的形成强烈对比。申不害讲的“术”，关键在“莫测”。法是固定的，然而君王的统治术却要刻意维持不确定。慎到要用“势”在国君和臣子之间拉开无法亲近的距离，目的是不让国君的主观意志干预法，“任法自为”，臣子们只需依照法行事即可，当然也只能依照法行事。申不害也主张国君不要轻易让臣子亲近，但目的完全不一样，他是为了使臣子捉摸不定国君的好恶习惯，必须随时战战兢兢地揣测、讨好。

重术派强调的，是国君作为法的来源的权威，将这份权威绝对化。有固定的法，人人依法行事，就不需要害怕国君，反正我不犯法就好，如此国君的权威就下降了。要维持国君的权威，连带维持法的权威，那就要以“术”将所有人置于惴惴不安的状态中，随时警觉害怕。

重术派动用的一种“术”和法家起源的原则刚好相反。国君手上最大的权力是赏罚，商鞅努力建立“信赏必罚”的原则，慎到把国君抬得高高的，高到不会去干预、改变法所规定的赏罚，但申不害却教国君要“赏罚难测”。国君的赏罚没有固定模式，臣子就无从依照模式来试探、掌握国君，国君拥有近乎绝对的自由，相对地，臣子被国君完全控制，没有任何一点自由。

黑格尔对东方专制的批评，根本上就是重术派的主张造成的结果。“术”到后来成了中国传统政治中很重要的一部分，使得中国政治长期笼罩在人为的任意性中，无法制度化。潜藏着真正决定了中国传统政治性格的，其实既不是“儒家”，也不是法家，而是这样的重术派，将“术”加入法中，因而破坏了法的客观性。

汉继承秦，也就是继承了一个以法为中心的帝国体制。汉代新的皇帝不了解法，也没有一套管理帝国的新方法，于是就选择接受秦体制，也就是后世所说的“汉承秦弊”，在“无为”中保留了秦代的制度。于是汉代的内在基本精神，其实是法家的，一直到武帝时才找出了新的儒家加上阴阳的道理附丽其上，而有了“外儒内法”的局面。这种骨子里的法家思想对中国历史的影响极其深远。牟宗三先生喜欢夸张地说：中国历来所有的皇帝都是法家的，不管身边用了多少个儒家宰相，都改不了皇帝法家权力的本质。这话虽然夸张，但点出了不容忽略的部分事实。

需要稍加分疏的是，中国帝王的这种法家个性来自后期法家，尤其是经过了重术派冲击、补充后的法家，而非前期法家。

07

前期法家思想的特色

前期法家思想是从统治实践中琢磨出来的，后期法家思想才从这些现实经验中总结出逻辑、论理，使得原本松散、实际的种种做法，成为“家”。一般说韩非是法家的集大成者，然而若严格从“家”的角度看，韩非应该是法家的创建者。

前期法家直接在统治上开发、试验法，他们是实践者，而非理论的思考者。后期法家才整理了法的理论。慎到讲了一套理论，申不害也讲了一套理论，到了韩非才将累积的众多现实方法和不同理论做了系统整理，让法家思想可以和儒家、道家一样，成为一套带有鲜明特色的学问。

后世对于法家的理解、讨论，一般集中在后期法家，因为后期法家有现成的著作，读《韩非子》就能清楚他们的主张。管仲、吴起、李悝、商鞅做了什么，则分散在不同的历史记录里。《管子》《商君书》并不是管仲、商鞅自己的著作，其内容的广度、深度又当然比不上《韩非子》。

商鞅变法是秦崛起的关键因素，尽管商鞅车裂身亡了，但他创造的制度却还是在秦保留了下来。秦比其他国家更早建立了法家式的政治。但需要分辨的是，那是前期法家。而前期法家所探索出的方法，和后期法家不完全是同一回事。

后期法家受到申不害“重术”思想的影响，主张抬高王权，将王权摆放在高于法的位置。秦始皇是后期法家真正的信仰者，运用后期法家的主张不只建立了一个大帝国，还建立了一种“绝对王权”的权力模式。有些历史学家从秦始皇的情况、秦国和法家的关系，想当然地回推，认定秦之所以强大、兴起，是因为早早建立了“绝对王权”，进而推论“绝对王权”或“专制独裁”有利于富国强兵。

这样的推论明显混淆了前期法家和后期法家的差异。仔细研究与秦国相关的记录，我们会发现大部分秦王和法的关系，和“绝对王权”“专制独裁”有很大的差距。例如《韩非子·外储说右下》中有一段故事，说秦昭王生病了，消息传出去，民间有人主动买牛宰杀，祈求昭王能康复。一个臣子公孙述目睹这件事，高兴地进宫来告知昭王，恭喜昭王如此得人民爱戴。昭王找人去调查探问，发现确有其事，他的反应却是罚那私自杀牛祝祷的人，因为未经下令而祝祷是违法的。明知道人民私自祝祷是出于对王的爱与善意，然而如果因为这样就改了法，就不依照法裁罚，“是法不立，法不立，乱亡之道也。”

类似这样的故事，在秦国历史上层出不穷，所以顾炎武在《日知录》中就指出，在战国征战竞争时，秦国和其他国最大不同之处，就在历来秦王守法。王也该守法，法高于王的主观意志，这是前期法家的主张，也是到了后期法家受到重术派影响后被忽略或改变了的。

秦国的兴起，真正凭借的是法的严肃性。大部分秦王都是守法的，所以才能取得人民的信任，也能有效推动富国强兵的政策。

08

从出土秦简看秦国的法律执行

1975 年在湖北云梦县出土了一批秦代的竹简，称为“云梦秦简”或“睡虎地秦简”，这批文献有助于我们理解从战国到秦朝法的状况。

从睡虎地秦简可以清楚地看出秦国法律发达的惊人程度。出土的竹简中，有一部分是“律”的摘要，一共发现了《田律》《厩苑律》《仓律》《金布律》《关市律》《工律》《工人程》《均工》《徭律》《司空》《置吏律》《效》《军爵律》《传食律》《行书》《内史杂》《尉杂》《属邦》等十八种，管辖的事务包罗万象。

《田律》规范农田水利、山林保护；《厩苑律》规定如何畜牧牛马以及禁苑林囿；《仓律》规范国家粮食仓储、保管、发放；《金布律》规范货币流通、市场交易；《关市律》制定“关”和“市”的管理规则；《工律》是关于公家手工业生产管理的法律；《工人程》则是关于一般手工业生产管理的法律；另外还有《均工》规定手工业生产定额；《徭律》明定徭役征发的办法；《军爵律》规定前面所说的二十等爵制下“以军功进爵”的具体办法，《司空》《内史杂》《尉杂》特别规定“司空”“内史”“尉”这几个职务行使权力的明确规范。

除了这十八种，睡虎地还出土了另外一批更简约、没那么系统的《杂抄》，《杂抄》中抄的还是律令，但这些律令的内容不完整，我们往往只能依照其标题来想象实际的内容。

例如《杂抄》中有《游士律》，对于战国留传下来的游士行动加以限制约束；有《除弟子律》，规定各行各业如何收弟子，师傅和弟子之间该有怎样的关系；有《公交车司马猎律》，应该是公家田猎管理规范；还有《戍律》，规定因何、如何将人发配到边疆去“戍”；也有《捕盗律》，是负责抓小偷的人的行动手册。

这样的律令，已经发展成一大套系统了，包括许多繁杂细节，不是一般人都能掌握、理解的，所以秦国从很早就开始在地方郡县设置专门管“律”的官，由他们负责解释律令。他们所使用的重要参考文献，是《法律答问》。《法律答问》是将特定的法律案例以特定的方式记录下来的文献。记录时分左右两幅，同样内容左边写一次，右边写一次，左幅拿去结案，右幅则留下来累积为重要判例，说明特定律令的内容与判法。

睡虎地出土的还有另一种文件，是地方郡县依照现实事例对律令做的补充，类似于地方的单行法规，叫作“间方”。这也就意味着在律令规范有漏洞时，郡县可以另行找出方法来解决。

除了律令本身，睡虎地秦简中也发现了管理律令程序的明确规范。出土的《封诊式》中清晰记录了问案的基本程序。“凡讯狱，必先尽听其言而书之。”首先要让犯人先说，把他们所说的内容记录下来。“虽知其訑，勿庸责诘。”尽管知道他们会有为脱罪而说谎的做法，但一开始先别急着骂人，先让他们把要说的话说完。“其辞已尽书，而无诘，难以诘责之。”犯人要说的都说了，也都记录下来在眼前可以查对了，这时候才用问话（“难”），追问证词中不合理或有漏洞之处，这时该凶就凶，该骂就骂，如果犯人还是不认罪，那该打就打、该关就关。

09

秦国发达的律令系统

由睡虎地出土的秦简回推，我们有理由相信，在秦崛起壮大的过程中，法扮演了很重要的角色。对于法，从很早开始，秦就展现了远远超过东方诸国的重视，律令系统发达。

这样的律令系统，早于慎到、申不害、韩非这些法家理论，而且也和他们的理论没有什么直接关系。律令系统的形成，首先需要时间，是从商鞅以降一代代传承，在现实运用上琢磨扩张出来的。律令系统能成长得这么庞大、这么复杂，另外需要一种集体的精神，将律令的重要性抬得很高，愿意投入智慧、资源和努力。

在商鞅之后，秦的立国基础就在法上，他们对于法有了一份执迷，进而有了固定的集体反应——相信用法来解决问题，用法来发展，当遇到困难时，就多制定一个律，多下一个令，于是秦的律令衍生得越来越多。当律与律之间，令与令之间有了矛盾冲突时，怎么办？就再多制定一个律、一个令来解决。

如此累积到了秦始皇的时代，律令系统就发达膨胀到有点不堪负荷的程度了。秦始皇是个勤劳的统治者，他给自己定每天的工作量，至少要读完“一百二十石”的公文，换算一下，差不多是三十公斤左右。虽然说那个时代没有纸，公文是写在竹简上的，三十公斤的竹简也还是很吓人的。关键在于：为什么会有那么多公文需要皇帝来看？除了展现秦始皇事必躬亲的态度之外，也因为秦国律令系统发达，已经建立起以律令和相关文书来进行管理的制度。

秦始皇继承的，是一个有了百年法的经验的政治体。法在秦国已经成了根深蒂固的信念，解决问题靠法，国家强大也要靠法，离开了法，整个国及其国君就觉得不安全、不踏实。

使得秦兴起壮大的，不是后来成为和儒家、道家平起平坐的法家著作，而是前期法家从现实里建立起来的强调法的根本价值，以及一套费了百年工夫逐步发展的律令系统。太过理所当然用后期著作来代表法家，就忽略了前期法家在实践中建立起律令系统的过程。要了解整个秦国体制的面貌，也就是了解秦始皇所继承的国力基础，显然我们的史学家们还有很多更细腻、更费力的挖掘考索工作要做，光读、光分析《商君书》或《韩非子》是不够的。

秦始皇深信这一套法的优越性，以至于统一六国之后焚书坑儒，要把律令系统以外的其他知识、学问通通摧毁。清代有诗人写诗讽刺秦始皇，说他费了那么多力气不让人们读“诗”“书”，然而后来亡秦的竟然还是不读书的人。刘邦是沛下小混混，不读书；项羽虽是楚国贵族之后，但《史记·项羽本纪》中说他宁可学剑也不学书。这些不读书的人，看来也没有比读“诗”“书”的更好统治。

从历史变化角度看，其实更关键的，恐怕还在于最后得到江山的汉高祖是个不懂法的人。虽然他身边有萧何了解律令、文件之重要，但萧何的角色会那么突出，不正因为除他之外，包括高祖本身都不重视秦的立国根基？于是事实就是：花了百余年建立起的这个以法为基础的大帝国，落入了不懂法因而也就不知该如何处理法的新统治者手里。从汉高祖到文帝、景帝，他们无力继承运作这套法，又无力进行改造，于是只好采取了“无为”的态度，在几十年间坐任这套既有的法松散地执行，直到武帝时，才算拿出了自家的新态度、新主张来。

第 八 讲

秦国的统一与建制

01

“天下共苦战斗不休”

《史记·秦始皇本纪》按照时间顺序记录了秦始皇的一生。文中有一年篇幅特别长，那就是始皇二十六年，也就是公元前 221 年，这一年，秦统一了天下。

统一天下之后，当时的丞相王绾领衔上奏，说：“燕、齐、荆地远，不为置王，毋以填之。请立诸子，唯上幸许。”最北边的燕、最东边的齐和最南边的楚离秦政治中心咸阳太远了，所以王绾请秦始皇将儿子封到这几个地方去当王，才有办法统治。

秦始皇将这个建议交付大臣们去讨论，大家都赞同，唯有当时担任廷尉的李斯反对，李斯的理由是：“周文武所封子弟同姓甚重，然后属疏远，相攻击如仇雠，诸侯更相诛伐，周天子弗能禁止。今海内赖陛下神灵一统，皆为郡县，诸子功臣以公赋税重赏赐之，甚足易制。天下无异意，则安宁之术也。置诸侯不便。”当年周代建立，就是大封诸子，但时年久远之后，光靠血缘无法使诸侯亲近，各自为政互相攻伐，周天子也拿他们没有办法。今天好不容易收拾了这些周代诸侯所建各国，通通改成由中央控制的郡县了，给诸子、功臣赋税当作赏赐即可，他们也不会作怪，大家都安分，那就好统治了。李斯主张不应该再封诸侯。

秦始皇的决策是：“天下共苦战斗不休，以有侯王。赖宗庙，天下初定，又复立国，是树兵也，而求其宁息，岂不难哉？廷尉议是。”大家打仗打得够久了，不都是因为有这些受分封的诸侯？好不容易统一了，如果又分封诸侯，这等于是把一支支军队摆在那里，天下怎么可能安宁呢？廷尉的意见才是对的。

这段奏议对话中，李斯的意见是从如何管制功臣诸子的角度出发的，而秦始皇的诏令却提到了另外一项重要的背景，他清楚明了终结六国、一统天下究竟是怎么做到的。根本条件就在“天下共苦战斗不休”，打仗打太久了，打到大家都受不了了！

汉代贾谊写《过秦论》，“过秦”就是检讨秦究竟犯了什么严重错误，以至于统一后短短十五年就倾覆了。要“过秦”，贾谊就得先归纳秦统一天下是如何完成的，他说：“秦并海内，兼诸侯，南面称帝，以养四海，天下之士，斐然向风。若是者，何也？”秦凭什么统一？尤其重要的是，秦不光靠武力，还能得到“天下之士”的支持，为什么？

贾谊继续写道：“曰：近古之无王者久矣！周室卑微，五霸既灭，令不行于天下。是以诸侯力政，强凌弱，众暴寡，兵革不休，士民罢弊。今秦南面而王天下，是上有天子也。”理由很简单，“近古”好长一段时间，这块地方没有真正的统治者，没有统治权力。周天子没人理会，五霸的时代也过去了，于是诸侯各自为政，打来打去，永无宁日，打到大家都累了。大家由衷需要、期待着出现一个能号令天下的统治者来保障和平秩序，秦一统六国符合大家长久以来的期望。

依照《过秦论》的提法，让我们来算一算。“周室卑微”起自平王东迁，那是公元前771年的事，到秦统一六国，已经过了五百五十年。“五霸既灭”近一点，从春秋、战国分界点的“三家分晋”事件算起吧，那是公元前403年，到秦统一六国，差不多一百八十年。

“近古之无王者久矣”这话不是随便说说的，那是真的很久了。“天下共苦战斗不休”这话也不是随便说说的，到秦始皇的时候，光是战国状态已经持续了六个世代一百八十年，也就是说当时所有活着的人没有过过和平日子，就连这些人的父亲、祖父、曾祖父都没有和平的记忆！

再看秦国本身，从商鞅变法建立起一套有效的军事动员机制，将秦转化为最有力的战争机器以来，到秦始皇统一，大约有一百二十年左右的时间，也就意味着秦国国民几乎不间断地反复卷入各种战事里，这种状态已经超过一个世纪了。

02

春秋战国时人疲惫不堪

在历史上，还真不容易找到另外一个例子，牵涉了那么广大的区域，那样众多人口，而又维持了那么久的战争状态。现代大规模战争，第二次世界大战打了四年；中国抗战打了十四年；伊拉克和伊朗的“两伊战争”也打了八年；苏联在阿富汗打了十年。在时间长度上，它们和春秋战国的差距都太大了，长度上勉强比较接近的，有“英法百年战争”（1337—1453），以及日本“战国时代”（1467—1603）。然而这两场战争，基本上都还是停停打打，时打时停，至少有一些明确的调停努力，以及虽然短暂，但至少曾经有效的国际秩序。

“五霸既灭”最大的问题，就是再也产生不了任何有效力的国际秩序来抑制、规范国与国之间的战争。那个时代的国际秩序取决于纵横家。“纵横”是“合纵连横”的缩写，“合纵”和“连横”则是回应秦的兴起而出现的两套外交谋略。

“合纵”主张东方六国应该联合起来，共同防御秦国。秦国再大，大不过六国加起来的力量，事实上当时只要齐和楚两个大国加起来，就比秦国强了，但齐、楚都和秦隔得很远，没有防秦的迫切性，因而“合纵”的主要关切者，是与秦国比邻的韩、赵、魏三国。

“连横”主张刚好相反，认为东方各国应该积极追求和秦结盟，任何一国能和秦连成东西横线的同盟，立刻就取得了安全与发展上的保障，既不用担心秦的威胁，又能利用秦的壮大，在和周遭其他邻国的关系上取得优势。

该“合纵”还是该“连横”一度成为各国最关心的焦点，回应这个巨大的外交议题，许多游士、谋士对各国国君穿梭游说，尔虞我诈，各怀鬼胎。战国游士、谋士，既是封建身份制度崩坏的象征，也是封建身份制度瓦解的产物。不具备“士”以上贵族身份的人，在孔子之后有了受教育的机会，能够学得一身理解、干预国政的本事。不具备“大夫”以上贵族身份的人也都能见到国君，向国君提供意见，进而获得高职位。

游士、谋士的经历彰显了从春秋到战国社会翻天覆地的变化。这个时候，一个聪明、有能力、口才好的人，在短短一生中，就有机会戏剧性地从一介平民“逆袭”，占有国内最高的“相”位，甚至还有更夸张、更不可思议的，像苏秦，竟然还能佩带不只一国的“相印”，得到了过去卿大夫贵族成员都到达不了的高位。

战国纵横家的最高目标就是“封相”。他们唯一突破不了的，是依然血缘传承的国君地位，所以就追求爬到一国之中仅次于国君的最高地位。苏秦可以在不只一国“封相”，也就说明了这样的政治野心不受国界限制。出生在这国，很容易就可以到其他国去追求“封相”的梦想，这是这个时代给予一般人的另外一项特殊机会、特殊自由。

一群以追求私人利益与高位为目的的雄辩之士穿梭各国游说“合纵”或“连横”的策略，让国君们满脑子想的都是权谋而非原则，一时的和平而非长远的秩序，在国际关系中不断埋下更多算计、冲突、战争的种子，埋下使得这段时期国与国往来的变量极多、极不稳定，随时随地都有可能爆炸的地雷。

连绵混乱五百年，激烈共斗一百年，社会被扭曲了，所有人都被扭曲了，那是一个人人都疲惫不堪的时代。

03

天下观念一直存在

为什么无法和平？为什么国与国之间不能停战，不能产生彼此可以信赖、遵守的停战协议？这样的问题，随着战争时间拖长、战争规模扩大、战争伤害加深，越来越迫切地被追问。追问而得不到有效的答案，进而就使得问题的方向转变了，或说问题的出发点改变了。

正因为有各国，因为这样的列国局势，因为原有的封建制度所制造出来的国与国关系，才无法和平。封建制度光是崩溃了还不够，必须进一步找出和封建制度完全不一样的新方法来。李斯所说的，是封建最根本的问题——亲族宗法的联系经不起时间的考验。第一代兄弟亲和，兄友弟恭，到了五代十代之后，亲族开枝散叶，只剩下叔伯、兄弟名分，不会有实质感情，现实里彼此和陌生人没有两样，要冲突、要争夺、要翻脸，不会顾忌那一点点遥远的叔伯、兄弟名分。

丞相王绾的上奏，让我们看出来封建制度有多难真正推翻。列土分封是政治上根深蒂固的反射思考。上奏显然有揣摩、讨好皇帝心理的用意，认为皇帝想让自己的儿子拥有封地，将帝国的风光好处分给儿子们。上奏中特别提了最北、最东、最南的地方，以此合理化分封之需要，并不是要全面恢复封建，因而得到了其他大臣的支持，只有李斯说出了更激进、更彻底的新思考。

封建制度死而不僵。因为在战国时期，原来的王官学基础化身为儒家思想，不只继续流传，而且一代一代维持了相当的影响力。儒家始终不变的原则也是辨别儒家的标准，那就是对于礼的坚持，即维护周公建立、奠定的这套人伦规范，从私人扩大到公共，从一家扩大到天下，由礼来通贯。

从春秋到战国，外在的、有形的礼仪不断被破坏、被遗弃了，然而王官学的传统却还一直留着，原有的贵族弟子要成长，必须接受这套王官学教育；经过孔子、儒家的转化，王官学也成了其他非贵族人员向社会上层流动时必需的基本教育内容。

孔子通过独特的人格与智慧，将王官学，尤其是其中的礼进行了抽象化、普遍化的转型。礼是普遍的人伦原则，是人之所以为人的基础，也就超越了有限的贵族身份，指向一个以所有人为对象的普遍理想。孔子、儒家将封建制度理想化为一套天下秩序，所有人都“无所逃于天地之间”，只要是人就都在层层人伦纽带之中，都受到礼的指引与规范。礼有其普世性，建立在礼之上的主张，因而也必然带着一份强烈的普世信念。

封建制度在孔子手中变成了天下秩序，有了“人”的普遍性与一致性的普世信念。在秦人、楚人、齐人之上，有“人”。影响所及，战国时期的诸子百家，除了现实的法家和纵横家之外，几乎都是针对“人”而发言、论理的，而不是要讨论秦人如何如何、楚人如何如何、齐人如何如何。

不管纵横家怎么磨破嘴皮，鼓吹各国国君追求自身利益，战国时期也并未出现真正的“列国体制”。让“列国”永远并存，找出可以永远并存的办法，这个想法在战国时从未有过影响力。对照例如罗马帝国瓦解后的欧洲，我们会看出来，战国时期最特别之处在于，将各国固定、永久分裂开来，以分裂诸国的存在为前提去建构“国际秩序”的主张，几乎从未在战国时期被认真提倡过。

这是秦得以统一六国的另一个重要条件，也是从春秋到战国竟然会维持几百年战乱不休的局面的真正历史原因。几百年间，天下观念从来未曾丧失其效力。所有的人应该都纳入一个普遍的组织中的信念，从来没有真正动摇过。这提供了一个国壮大了之后，便对外扩张的动力；更重要的，也因而给予每一个国可能被并灭的危机意识。没有人相信大小各异、风土不同的各国可以划界自保、安然自存，建立一种互相尊重、互不侵犯的国际行为准则。

最接近这种列国秩序想象的，是老子说的：“小国寡民，使有什伯之器而不用，使民重死而不远徙。虽有舟舆无所乘之，虽有甲兵无所陈之。使民复结绳而用之。甘其食，美其服，安其居，乐其俗。至治之极，邻国相望，鸡犬之声相闻，民至老死，不相

往来。”（《道德经》第八十章）

大家互不干涉，各过各的日子，就连近到鸡犬之声相闻，都好像对方不存在一样。如此，国与国就能和平相处了，你过你的，我过我的，你不理我，我也不理你，你不要来过问我怎么活，我也不过问你怎么活。然而，就连老子行文中都明说“至治之极”，表示这是最高的理想，最难实现的状况。而且老子也只能动用最极端的想象，假定国与国之间彻底不互动、不来往，才能有这种和平共存的可能。

04

《礼记》对统一秩序的描绘

战国时的“国际关系”从来都不是以各国并立共存为基础的，和我们今天所认定的国际关系大不相同。所有这些纵横家游说、服务国君时，不言自明的假定都是国与国之间必然彼此积极并吞。他们到秦国，献策让秦国鲸吞蚕食其他各国；他们到齐国，就献策如何借各国之力使得秦国变弱。这里面没有真正和平与秩序存在的空间。

这样的现象，反映了始终未曾退潮的一统天下观念的强大力量。即便封建制度实质瓦解了一两百年，但到了战国末年，在儒家之中竟然还出现了“三礼”——《周礼》《仪礼》《礼记》——这样的文献。

“三礼”中，《仪礼》《礼记》都包含了许多古老的内容，但编辑成书不会早于战国中期。《周礼》的内容和呈现的方式，就更显示其是百分之百战国后期的产物了。后世将“三礼”当作“礼经”，认为周代留传下来的礼的记录，然而实际上，“三礼”不过是封建秩序瓦解后一种真假参半的回忆想象。

一两百年间，儒家坚持记忆封建秩序曾经创造出的一统天下，战国中期以后，他们更进一步在文字上为封建秩序创造了一个理想的面貌。这些书内在的根本精神与动机，就是后来康有为所说的“托古改制”，将理想投射到古代去，假托这是周代成立时曾经实现过、存在过的状况，期待这样的制度能在当代重建。

《周礼》的表现方式最整齐，反映了战国后期的风格，更是战国时期数学发展之后才可能有的思考。以第一章《天官冢宰》为例，开头简单说明“惟王建国，辨方正位，体国经野，设官分职，以为民极。乃立天官冢宰，使帅其属而掌邦治，以佐王均邦国”，表示这个部门的功能，然后就是：“治官之属：大宰，卿一人。小宰，中大夫二人。宰夫，下大夫四人，上士八人，中士十有六人。旅，下士三十有二人，府六人，史十有二人，胥十有二人，徒百有二十人。宫正，上士二人，中士四人，下士八人，府二人，史四人，胥四人，徒四十人。宫伯，中士二人，下士四人，府一人，史二人，胥二人，徒二十人。膳夫，上士二人，中士四人，下士八人，府二人，史四人，胥十有二人，徒百有二十人。庖人，中士四人，下士八人，府二人，史四人，贾八人，胥四人，徒四十人。内饔，中士四人，下士八人，府二人，史四人，胥十人，徒百人。外饔，中士四人，下士八人，府二人，史四人，胥十人，徒百人。”

不用再抄下去了，全篇都是这样的列举。这不是文章，而是表格，而且是在非常整齐的倍数概念下弄出来的表格。所有的官属都是一层一层堆栈的，上面人数少，下面人数多，而且上下层人数必然是倍数关系。列在上面的所有人数，竟然通通都是偶数，而且二、四、六、八、十、十二、十六这几个数字反复出现，构成了清楚的数学模式。

这当然是想象出来的！与其说在设计规划政治官僚的功能与职责，还不如说是为了追求层层工整架构之美。这样的内容，不但在历史现实中不可能存在，且其用意也不是要起实作用，而在借由数学、数字关系展示一个完整的体系。

在《礼记》里，我们找到对于礼的另外一种理想化表达。《礼记》提供了礼的一个形而上的原理。儒家谈礼的起源，一定要讲“先王制礼”。孔子认定“先王制礼”的基础，是一般的人情、人伦，“先王”的明智之处在于将人之自然感情予以梳理，落实固定为礼，让人容易遵循，保存人好的、善的感情，压抑坏的、恶的反应。孟子进一步主张礼来自人的本性，“先王”不过就是对于自我本性进行了深入、有效的挖掘，让内在的普遍善性得以外化，而有了一套落实在行为上的准则。

《礼记》扩大了礼的自然根源。礼不只来自人性，而且还回应、反映了天地、阴阳、自然的运行规律。“先王”的功绩是将自然的规律转写为人的秩序、人为的秩序。这样的想法显然受到了道家，尤其是阴阳家的强烈影响，要让礼重立于自然之上，借自然的真理地位来抬高礼，突显礼不容置疑、不可推翻的地位。礼变成了抽象自然规律所产生的人伦秩序，不可违背，也不可被消灭。

05

所有的解决方案都以天下为前提

封建秩序不再是现实。经历了封建秩序瓦解所带来的漫长战乱，到战国后期，天下一统的观念与记忆非但没有被遗忘，儒家甚至还将之刻画得更美好、更理想。这样的思想潮流有效阻挡了要以分裂天下建立“列国并存”状态来解决战乱的主张。尽管“天下共苦斗不休”，但大家解决问题的前提还是以天下为整体，必须找出能够适用于整个天下的解决方案。

儒、墨、道，乃至后起的阴阳，他们都以天下为范围寻找解决方案。他们的内在思想冲动，都不是规划国与国之间怎样和平共存，而是如何打破国与国相争的局面。这样的思想不是凭空萌发的，不是躲在学院象牙塔里抽象推演的，而是伴随着战争思考得出的。

战争的具体、现实条件和思想密切互动。前面提过，战国时代铸铁业大幅成长，和战争需求产生了循环加强效果。铸铁业越发达，武器铸造得越来越精良也越来越快速，战争相应就打得越激烈；战争打得越激烈，对于铁铸武器的需求——量与质的双重需求，也就越来越高，更进一步刺激了铸铁技术与铸铁程序的改良。

“白刃”在战国时期成了常用词，表明鼓风炉所吹出来的高温已经能够稳定锻造出精钢级硬度的铁器了。不过，要制造高温，要烧炼出更多“白刃”，当然就需要更多的铁矿原料，也需要更多的燃料。春秋末年，南方吴、越一度成为铸铁技术突破的中心，一部分原因是这两国地处偏僻、开发较迟，所以要在这一带找到新的铁矿或煤矿比较容易，这里也有比较丰富的林木资源可当燃料。

铸铁业的发展，必然激化国与国之间的冲突、侵夺。要有铁、有煤、有炭，还要有工匠技术，才能成就铸铁业。但铁矿、煤矿并不是哪里都有，就算原来有的也会开采完，山林也同样会砍光，工匠呢？他们有脚，会从这里搬到那里去。

于是为了开展铸铁业，甚至只是为了维持铸铁业既有的规模，就必须不断去找、去控制这些资源。在运输、贸易系统不发达的情况下，最有效的方法，就是以武力占领、控制资源。把有铁矿的地方攻占下来，把林木茂密的一个山头据为己有，或是出兵侵略一个掌握现成铸铁技术的城，是当时国君理所当然的选择。于是工业，尤其是铸铁业的发展带来了将地理上分散的相关条件都收纳在同一国内的需要，也就形成了走向一统的一股动力。

另外还有一股动力来自商业发展，其中尤为突出的是货币经济提供的动力。交易热络，为超越单一且复杂的以物易物形态，货币应运而生。然而要让货币发挥“交易中介”的功能，关键有二，第一是大家要信任货币的兑换价值，第二是公认的货币价值不需经过复杂、难以处理的换算手续。

刚开始的货币是临时性的，由私人运用，少数人彼此认可用于交易。有了货币中介，免除物物交易的麻烦，有助于促进交易；交易活动多了，对于货币的需求也就不断提高。不只是量的需求，还有性质上的需求。卖了东西，换来货币，想去买东西，人家却不接受我手里的货币，怎么办？好多种货币同时并存，各有各的价值，而且还没有固定的换算比例，该如何换算，算到哪年哪月去？

一旦开始使用货币，就必然出现强大的推力，让货币朝统合、单一化的方向走。越是固定权威单位发行的货币，越是统一的货币，就越有用、越好用。国家、国君握有强制行为的武力，也有庞大的财富，最适合发行货币，保障货币价值。而且国界建立起来后，开始有了“关征”，国君也就越容易感受到货币的方便好处。在货币运用上，分歧就代表麻烦，多一种货币就多一次换算的手续，多一分不确定的变量，于是很自然地出现了货币运用者的主观期待：如果只有一种货币，只有一家发行货币的终极权威，该有多好！

06

法是一种统一秩序的客观形式

从儒家坚持的天下观记忆，到工业和商业的发展，我们可以看出表面上严重分裂的战国时代其实一直都存在着强大的统一期待、统一要求。而商鞅开启的法家变革，给予了这样的主观期待、要求一个得以实现的客观形式。

关于商鞅变法，除了前面说过的之外，在此还可以补充一点。《史记·商君列传》中记录了商鞅所制定的“变法之令”：“令民为什伍，而相牧司连坐。不告奸者腰斩，告奸者与斩敌首同赏，匿奸者与降敌同罚。”这是变法的社会改造基础，重新建立了一套严密的组织，组织的根本原则是人民互相监视。五人一小组、十人一大组，组内连坐，有人犯错，五人或十人一并受罚。如果知道了有人在干不法的事，先去告密，那不但不受罚，还有重赏，得到和斩下敌人首级一样的赏赐，也就是可以“进爵”。相应的，如果知道有人在干不法的事却不报告，会被处以“腰斩”的极刑，还不只如此，隐匿坏事坏人，等同于降敌，意味着不只自己个人受罚，全家都要“降爵”。

接下来：“民有二男以上不分异者，倍其赋。”为了增加生产，鼓励分家，希望每个男丁都去耕自己的田，以免浪费劳力。法令不准男丁躲在家里偷懒，所以不分家的就加倍征赋，弄到你饿肚子活不下去，非分家不可。

“戮力本业，耕织致粟帛多者复其身。事末利及怠而贫者，举以为收孥。”生产至上，鼓励生产，男耕女织若是产量特多，就免除其徭役来作为奖赏。从事无关生产工作，跑去做生意的，或因懒惰而贫穷的，就抓来当奴，强迫劳动。

“有军功者，各以率受上爵；为私斗者，各以轻重被刑大小……宗室非有军功论，不得为属籍。明尊卑爵秩等级，各以差次名田宅，臣妾衣服以家次。有功者显荣，无功者虽富无所芬华。”要在社会上得到显荣，唯有靠军功。变法打破了原本的贵族出身特权，能住什么房子，穿什么衣服，都取决于从军功里得来的“爵级”，没有那样的“爵级”，你顶多能享富贵，却别想拥有别人看得到、可以对别人炫耀的荣华。

这些办法影响深远。两千多年前，商鞅就看得清楚，有一件事是法最大的威胁，即有人可以不守法又不受罚。如果法制定了，却有人可以犯了法不受罚，法的权威性就被破坏了，法就很难维持效果了。连坐法就是以最强烈的手段，将“匿”——也就是犯法而不受罚——的可能性降到最低。

商鞅不是第一个想出“连坐”办法的人，他所做的，是将原本军事上的做法，拿来管辖所有的人，在法的实施上将所有的人牢牢绑在一起，确保犯法者无所逃匿，必须受到惩罚。连坐也就是为了达到“必罚”而下的猛药。

《春秋》中曾记载“子产铸刑书”。公元前536年，当时郑国的执政将法律条文刻铸在铜器上，这算是中国最早的成文法。然而，子产所公布的法的内容很简单，更遗憾的是，那个时代并没有令这些法一定会被遵守的保障，也就是没有法得以执行的机制。

商鞅的巨大贡献就在于不只着眼于法的制定，更执着于法的施行，用最戏剧性的手法确保法被遵守，没人能逃出法的约束。

07

儒家、道家和法家对统一的不同见解

大一统帝国出现的客观基础，在于人民统一的行为准则。在这方面，法家的态度和儒家、道家大不相同。

我们可以用两个英文单词说明其间的差异。儒家、道家看重的是建立 orthodoxy（正统教义），而法家追求的，却是 orthopraxy（正统实践）。Ortho- 这个前缀意思是“正的”“正确的”“正统的”，orthodoxy 指的是正确的思想、正确的信仰。一般译为“东正教”的，原文就是 Orthodox Church，标榜他们自己是正统的、正确的教会。那么 orthopraxy 呢？指的是正确的行为。Orthodoxy 是内在的，脑袋里想的、相信的；orthopraxy 则是外在的，表现在外如何行事。

儒家、道家讲的都是观念、信念，都是要想办法建立一个人的

“正思”“正信”，告诉你应该相信这个，不该同意那个，要影响、改变人的内心。但法家，尤其是基于现实效果的前期法家绝非如此。商鞅式的法家，要管的是人的行为，追求的是统一的“正行”。商鞅不可能不知道贵族会多痛恨他制定的制度，他也没打算费力气去说服他们服膺这套办法，他念兹在兹的，只是如何让他们、让所有人依照规定行事。

连坐法就是保证“正行”的一个手段。所有的人互相监视，保证每个人都只能有同样的行为。这套方法管外在的行为，不管内心的信仰。也可以换一个角度诠释，这套方法就是要做到不管你内心相信什么，外在的行为都要一致。

连坐法很可怕，因为每个人都是执法者，而且是最严厉的执法者，执法不够严厉的话，别人犯的罪就会落到你头上，你得跟他一样受罚。虽然那个时代秦国的法律条文比现在要少得多，简单得多，但连坐法塑造的严厉执法机制制造了许多罪犯。随时被监视，稍有犯规就被告发了，而且一个人犯罪，连带许多人受罚，结果弄得几乎全民都是罪犯了。罪犯怎么处理？那个时代可不是关进监牢里，而是发配去当强制劳奴。这也就是为什么秦代会有那么多大型公共工程，长城、驰道、阿房宫、秦始皇陵都是在这些大量而免费的罪犯劳动力供给下建造起来的。

大一统帝国成立的条件之一，就是法家建立了去除人的多样性，将人的行为一致化的强制手段。“正行”之“正”，也就是单一、一致，只有符合单一标准的行为，才是“正行”，才被容许，才不会被处罚。

连坐法有效地在秦建立起庞大的“农战组织”，另一个作用是将人绑住，很难离开原有的土地。《孟子》借由梁惠王的问题，揭示了当时国君的一大困扰——要如何避免国内的人逃到别国去，又如何将别国的人民吸引到我国来？孟子给的答案是行“仁政”，国君对人民够好，人民就不会走，别的地方的人也会来。商鞅的解决方案则仍然是连坐法。

连坐法让人民彼此监视，而且还鼓励告发。彼此监视就很难悄悄逃走，如果要逃却没走成，那下场会很悲惨。还不只如此，法令规定人民要勤于耕织，连不够勤劳都可能被邻居告发，害你被“降爵”，告发的人却能因此晋爵。严重的时候，你就被征去打仗或服徭役了，而你的土地就被告发你的邻居接收了。

人被有效地绑住了，失去了迁徙的自由。秦以取消个体性，取消大部分人大部分自由的方式，构造了一个巨大的组织，人只能在里面做固定的事，作为大机器中的一颗小螺丝活着。

08

法家的成功得益于其现实效果

商鞅变法中还有一个重点，就是奠定秦国农业扩张的动能。人民被绑入农战组织中，不是打仗就是种田，而且要确保种越来越多的田。家中如果有两个男人，法令逼迫一定要分家，留一个种原来的田，另一个去开拓新的土地。新的土地在哪里？靠战争打下来。新的土地打下来了，有现成人力可以耕种，在这里快速形成新的农战合一组织，也就更有把握可以长久据有这块领土。

战国时代的一项社会特色，是游士这一特殊群体。封建制度里没有这样的人，春秋时期这样的人也还没有形成规模。孔子是最早创造出游士的人，带着一群从土地、从既有宗法体系中游离出来的弟子周游列国。到了战国时期，游士更多了，就连主张农业至上的许行都是游士。

依照《孟子》的记载，许行主张如果人人都耕田，都不要去从事那些耕田以外的工作，包括国君也都亲自耕田，天下就会太平。但有意思的是，如此主张的许行，他自己在干吗？他带着一群人，游走各国，游说国君亲自耕种，可他自己就没耕田啊！

这是个明显的反讽，清楚地反映了战国游士现象之普遍。战国时期会有诸子百家的热闹思想潮流，靠的也是这些游士。游士的本质是自由的，是多元的，是分裂的，他们存在的基本依恃就是提出跟别人不一样的主张或别人没提过的主张，来眩惑国君以取得权力与利益。

换句话说，他们的行为绝对不会是统一的。和别人一样，他们就追求不到特殊的权力与地位了。游士当然倾向于离开现实去寻找道理，现实对他们没有吸引力，他们靠的是比别人丰富的现象联想或道理想象。

商鞅变法所强调的刚好和游士的本质相反。把每个人都变成一样的，取消自由与多元，国家就容易治理，也就能变强大。商鞅的出发点是现实，是找出可以具体执行的办法，在这点上，他比所有的游士厉害，而且他的办法也有效地缩减了游士活动的空间。

农战组织里每个人都得做一样的事，都被绑在一个固定的位置上，而且只能从事和土地生产有关的工作，这样的组织里当然没有游士存在的余地。游士们提供了各式各样、五花八门的“秩序想象”，然而法家却直接具体进行“秩序建构”，把一套新的秩序建立起来，也就窒息了所有其他的想象了。

其他游士们对于取代封建秩序的种种想象还停留在论辩、试验阶段，法家已经在秦确切建起了一套农战新秩序。新秩序没有那么多理论，商鞅变法整理起来，一小段话就结束了。但这套秩序不再是空想的，而且一旦真正存在了，也很容易看得出效果来。

这就是为什么在诸子百家的思想言论竞争中，法家很快就取得了优势。不是因为法家理论特别吸引人，法家的理论其实是后起的，原本不存在完整、细致的法家理论。法家靠的是现实示范，尤其是秦在商鞅变法之后的实力。法家有秦作为其代表，秦的胜利与失败，也就是法家的胜利与失败。其他各家呢？哪一家有相应具体可供考察的现实依据吗？逐渐的，法家和其他各家之间，不再是平等的竞争关系了，其他各家的思想模式不得不朝法家靠拢，于是原本争放争鸣的局面，也就开始收敛收束，多元退潮，一元一统的风格越来越明显。

09

秦始皇的永久观念

秦统一六国之后，秦始皇到处巡行，所到之处留下了许多刻石。《史记·秦始皇本纪》中抄录了不少刻石铭文。其中“琅琊刻石”里有一段：“古之五帝三王，知教不同，法度不明。假威鬼神，以欺远方，实不称名，故不久长。”这里有一个反映出秦始皇特殊思考的重点，那就是“久长”。

对于被奉为历史典范的三皇五帝，秦始皇一点都不佩服，让他得以轻蔑三皇五帝，说他们名不副实的原因就在“不久长”：“其身未殁，诸侯倍叛，法令不行。”人还没死之前，就已经管不住底下的诸侯，也无法让法令奉行了。而使得三皇五帝不能久长的根本原因，就在于“知教不同，法度不明”。

“法度不明”意味着不是以清楚明白的法作为统治的根本；“知

教不同”则点出关键在“不同”，也就是不能统一、齐一，不能用同样的方式让人民都一样。没有找到对的办法，这些三皇五帝只好依赖鬼神，“以欺远方”，靠着虚假的名声在历史上传流。

秦始皇志得意满，认为自己成就了超越三皇五帝的功业，更重要的是，他相信自己最了不起的成就在于找到了一种可长可久的秘方，可以超越时间，建立永久有效的统治。在这一点上，他可以睥睨过去所有的帝王，因为这些帝王的政权都已经倾覆不在了。

他的秘方是什么？他为什么可以不“假威鬼神”？在原始条件下，要让人民服从，要能威服众多人口，形成庞大的政治体，最有效的手段，的确是宗教，是鬼神信仰。而秦始皇自觉地声称他和那样的时代、那样的风格划清界限了，他不靠鬼神，也不佩服靠鬼神的前人。那他靠的是什么？他靠的就是“知教一致”，就是商鞅变法以来留给他的一套社会组织。用法将秦国每一个人都塑造成一样的，有一样的、可以彻底掌控、预期的行为，所以一定不会出现变乱。从人民的行为上，直接取消了统治的变量，没有“不一”，就一切都不会变化，就没有了时间带来的不确定，就一定能“久长”。

《史记·秦始皇本纪》中记录，统一了天下之后，当时的秦王政做的第一件事是“议帝号”，他不满意于原来的“秦王”，要臣下讨论一个新的称号，以便“称成功，传后世”。臣下们讨论的结果是“古有天皇，有地皇，有泰皇，泰皇最贵”，所以就建议用“泰皇”。但秦王政没有接受这个建议，他的决定是：“去泰，著皇，采上古帝位号，号曰皇帝。”

秦始皇的新思很清晰，他不要过去曾经存在过的名号，“泰皇最贵”对他来说都不够尊贵，就因为“古有”啊！他要强调的，是自己所成就的功业是空前的，过去绝对没有可以相比拟的。所以排除了过去存在过的所有称号，另造一个没见过的“皇帝”。

还不只如此，当上了皇帝后，他颁布的第一道“制”就是废除“谥”。历史上天子、国君著于史书的永久名号，是他们死了之后，才由后人依照其一生行事功过给予的“谥”号。秦始皇无法忍受这种事，自己死后还要让后人指指点点决定好坏，“如此，则子议父，臣议君，甚无谓，朕弗取焉”。他当然要掌握给自己取名的权力，于是自己取定了“始皇帝”——第一个皇帝。

不只取好了自己的历史之名，他还同时把后来的皇帝名称一并都取好了，“后世以计数，二世三世至于万世，传之无穷”。后面的，就用数字算，始皇帝之后是二世皇帝，再后面是三世皇帝，一直算下去，直到万世无穷。

这里我们一方面看到了战国时期数学发展的结果，数可以无限加大的概念深入人心了，另一方面也清楚地看出秦始皇最大的野心与执念，他要抗拒时间，想象自己建立了一个可以“久长”，永远存在、永远不灭的帝国。这份“久长”抗拒时间的执念，后来驱使他依赖方士，狂热地追求长生不死。

10

皇帝的特殊性需要制造出来

秦始皇建立的新统治体将所有的人通通变得一样，只剩下国君高高在上。国君和人民之间存在着无限的、不可跨越的距离，而一般人之间则没有任何距离，他们被连坐法紧紧绑在一起，大家都一样，可以互相取代，都只是帝国结构中的微小分子。

英国实际最高政治权力掌握者是首相，原文叫Prime Minister，意思是所有 Ministers（部长）之中的第一个，排在最前面的一个。这名称也就显示了，Prime Minister 和其他 Ministers 之间没有决然的地位差距，大家属于同一个权力范畴中，只是在这个范围内有排名先后。这是西方中古封建的基本精神，大家都是贵族，在贵族身份一事上有着同样的地位，就连国王，也不过是 first among peers，在同侪中走在最前面，最威风最像样的一个，国王无法凌驾于他的同侪，分出绝对的地位差距来。

这也就是为什么英国国王会签署《大宪章》，留下了西方民主政体最早的文献。国王和贵族间本来就有着相对平等的共治关系，国王想要扩大自我权力，缩减贵族共治的空间，引来了贵族的集体抗拒，进而逼迫国王将共治的权力模式白纸黑字写下来。

原本周代封建的架构也有着类似的平等精神。周天子地位最高，他是所有人的“大宗”，但他对其他人仍然有着亲族宗法的规范责任；封建系统内的贵族，对周天子是“小宗”，但在自己的封国内却是“大宗”，享有充分的权利。封建宗法里，地位都是相对的，责任与权利也是相对的。更重要的，权利和权力都由相对客观、固定的礼来规范，不是由任何人的主观意志决定的。

法家，尤其是后期法家彻底改变了这种封建式的君主地位。从慎到、申不害到韩非，他们的理论都不断抬高国君的权威，拉开国君和其他人之间的权力距离。这样的理论，又由李斯等人落实为秦帝国的政治制度。国君的意义改变了，君和臣、君和民隔绝开来，君独一无二高高孤悬在权力位置上。其他人都在法的控制与监视下，被泯除了差异，变成一样的，唯有君高于法，既是法的终极操控者，也不受法的约束。

君和臣之间没有什么可以比较的权力程度了，留下的是绝对不可跨越、不可比较的不同地位、不同范畴。帝国中所有的制度，也都依照突显皇帝绝对地位的原则来设计、开展。

天子位于封建地位的顶端，下面有公、侯、伯、子、男、卿、大夫、士、庶人，一层层排列开来；皇帝不一样，孤悬在最高的位置上，高高在上凌驾所有的人。皇帝的一切都要和其他人不一样。他自称朕，只有他能这样自称。他对臣下的指示叫“制”，他颁布给人民的规定叫“诏”。基本上，与皇帝有关的事物通通要另外取名字，给皇帝专用。在天地之间，皇帝自成一类，没有什么会和其他人接近、混同。皇帝之所以自称朕，用意是“固不闻声”，表明了是不让人们轻易听到他的声音，以为皇帝和其他人说的话是一样的。

11

皇权专制的优势和恶果

战国之后，中国出现了一人专制。法家设计了种种法来管理一般人，但法的来源，却是一个不受其他原理、原则拘束的个人意志，这个人高于法，自身不受法的管辖。

还有，法来自个人意志，没有受人敬重的权威，也不是必然存在的原则，于是法就只规范且只能规范外在的“正行”，不管也无法管内在信仰的“正念”，在这样的帝国里，人少有行为上的自由，却相对的有比较大的思想自由。不符合“正行”要求会被惩罚，然而却很少有思想上的整肃，没有那种追究“异端”的沿革与残暴。

周代彻底灭亡，秦统一列国，这一历史变化再重要不过。秦以后大一统帝国的皇帝高高在上，以近乎绝对的权威统治臣下，成了中国政治体系的常态。这个权力模式深入中国人心中，以至于后来的人经常以这样的帝国模式理所当然想象、曲解帝国成立前的封建制度。才没过多久，到汉代司马迁写《史记》时，因为叠上了帝国、皇帝的现实影像，里面对于周代封建的描述就已经有许多模糊、错乱之处了。

也因为帝国体制、皇帝权力深入人心，中国历史上一旦出现了不同的状态，记录都很容易被误会、曲解。比如魏晋南北朝，世家大族势力庞大且悠久，相对地，帝位通常是军人靠武力一时兴起攫取的，因而世家大族的地位在社会上高于皇帝，也常常不太瞧得起没有背景、不学无术的皇帝。和世家大族相比，皇帝不再高高在上，甚至会有世家大族不屑当皇帝的态度出现。尽管这样的历史事实明明保留在魏晋南北朝的史料中，却很少、很难进入后世的历史图像里。尤其是宋代以降，世家大族存在的记忆淡化了，讲起那个时代的政治，人们一般都还是理所当然看中皇帝而忽略世家大族。这样的偏差印象，一直持续到现代。

两千多年来，中国皇朝政治的根本问题也在秦代就固定下来了。皇帝高高在上，制度上的设计使得他和全天下其他人都不一样，都隔绝开来，一个人统治庞大的帝国。再怎么精力旺盛、野心充沛的皇帝，现实里都做不到一人统治，非得有人帮他不可。而皇帝是一切权力的来源，由他来决定权力的分配，那么很自然，与皇帝越亲近，就越有机会分享皇帝的权力。偏偏任何固定、制度化的安排，明确的政治位置和执掌必然带来程序与距离，于是臣民和皇帝的关系就比不上伺候皇帝，和皇帝无距离共同起居的近侍。

专制的皇帝权力，必然伴随两个问题，一是宠臣和近侍为了能分到皇帝更多的信任与权力，会发展出或勾结或斗争的关系。

另外一个必然的问题是帝国疆域扩张所带来的。为了彻底解决列国产生的“共斗不休”，秦始皇以惊人的意志收拢地方权力，全都集中到中央来。但地理上的距离很难主观地以中央专制控制的设计来解决。很明显，离中央所在越远的地方，越容易失控；一旦有了失控状态，也就越难处理。“楚虽三户，亡秦必楚”，与其诉诸任何因果报应或楚人性格，还不如从楚国和秦咸阳的距离上来解释为什么楚地会是秦代最难控制、最难安定的统治隐忧。

一旦中央控制不住怎么办？汉初试过部分恢复封建，将功臣和皇子分封到较远的地方去担负统治任务。后来司马氏成立晋朝时，也同样一度大封诸子，分散地方权力。然而汉代分封最终终结在“七国之乱”，晋代更是引发了司马氏大混战的“八王之乱”，显示出分封和皇帝制度有格格不入之处，地方分权几乎都是以“乱”收场的。

12

一个早熟的帝国

从历史的角度看，秦建立的这个大一统帝国在想法和实践上有一定落差。几百年的“共斗不休”无法建立有效的列国和平并存秩序，迫使秦彻底改弦更张，放弃周代分权式的政治安排，转为中央集权。然而要由中央来掌控那么大的土地，那么多的人口，具体所需硬件和软件条件其实都还未成熟。

这是一个早熟的帝国。早熟意味着缺乏许多有效让这样庞大的帝国运作的环节，因而产生了内在的诸多问题与困难。这些问题与困难很多和皇帝本身的能力无关，是源自制度本身的缺失，或者可以换一个方向说，因为存在着这样的内在缺失，只有极有能力的皇帝才有办法真正运作起这个大体系，现实中绝大部分一般、平庸，甚至不及平庸的皇帝，就只能坐视大体系的堕落、崩坏了。

法家将整个社会打平，取消自然多元及层级的做法绝对不是最理想的。违背自然人性，将一套固定的模式强加在天差地别的地域与人群上，必然引发各式各样的后遗症。然而，在战国末年，这是唯一可行的办法。从儒家、道家到名家、阴阳家，提供的都只是理论，不是实际的制度。在执行的制度层面，法家没有真正的竞争对手。

对比看看西方18世纪最热闹的政体讨论就明白了。欧洲当时也想找出取代没落、僵化封建王权的制度，在讨论中互较长短的，却都有一大幅的蓝图，从彻底的集权到彻底的民主分权，都有人主张，也都有人认真思考并进行细节规划。那是一个真正热闹、拥挤的政治意见竞技场，竞争逼着每一种立场的人都要有具体制度与改革程序的规划。

虽然我们也用“政治思想”的概念去整理春秋战国的各家思想理论（例如萧公权写的《中国政治思想史》），但这里面其实没有那么多具体制度设计上的想法。真正落到制度层面的只有法家。

法家将国君的权力不断往上抬，抬到近乎绝对的地步，皇帝的“诏”“令”就成了所有人都必须遵守的法则，高于包括传统礼在内的一切规范，如果不遵守就会遭到严苛的惩罚。这样的安排和儒、道等各家的态度相反，其他各家的出发点是寻找真理，寻找一套普遍的原则，期冀依照找到的真理、原则去建构起现实秩序。法家不只跳过了抽象真理、原则的讨论，它反过来从现实出发，先把国君的绝对地位建立起来，然后让国君、后来的皇帝来决定真理。皇帝就是真理的最终依据。

“皇帝临位，作制明法，臣下修饬……治道运行，诸产得宜，皆有法式。”这是芝罘刻石上的文字，也是秦始皇巡行刻石上典型的字句，表明了皇帝即位制定了种种制度，皇帝就是一切的权衡，皇帝决定了一切事物的“法式”。琅琊刻石也写：“维二十八年，皇帝作始。端平法度，万物之纪。以明人事，合同父子。圣智仁义，显白道理。”由皇帝诏令所构成的“法度”，是“万物之纪”，决定了人世间所有的关系规范。

这是对皇帝地位的最高推崇，皇帝不只在权力所构成的秩序中心，这整套秩序就是他建造起来的，他是真理中心。不是说皇帝所言所行都符合真理，而是说皇帝的所言所行就是真理。

这样的新秩序中，皇帝当然不会错、不能错。这是扭曲且专断的决定，必然带来许多严重的后遗症。在没有其他现实主张对手的情况下，法家的论点迅速升起，取得了最后的胜利。

法家所构想的，是一套从一开始就不那么完整周密的制度，像是许多零件没有搭好就上路的车。状况好、运气好、驾驶的技术也好时，这辆车或许可以顺利跑上100千米。然而只要状况、运气、驾驶技术稍有差池，车就开始逐步解体了。再跑一段距离，车终会散架，不得不重组。

13

是否还有另外一条路可以走

战国长期混乱之后，换来了一个庞大、早熟的帝国。在发展过程中，没有出现过让列国可以和平共存的秩序。这是一条没有走的路。另外还有一条没有走的路，是吕不韦编撰的《吕氏春秋》所呈现的。

吕不韦势力最盛时，集合了众多门客，编出了一大本《吕氏春秋》，那是类似百科全书的书籍。换句话说，《吕氏春秋》在基本用意上，和战国时期的其他书籍大异其趣。百家争鸣时，写书留记录的第一项前提就是表明派别立场，为了将自己的派别和特定的立场说得更清楚、更强烈，才诉诸著述手段。然而《吕氏春秋》挂了“吕氏”二字，也就是吕不韦的名字，但“吕氏”却不是一“家”，也不属于任何“家”。

《吕氏春秋》要将各家各派的说法都齐集在一起，形成一个大百科，将这些过去不同来历、彼此争执的知识与主张整合起来。《吕氏春秋》的表面结构，用的是月令季节自然循环变化，接近道家。讲述自然规律时，用的是阴阳家的概念，但从自然联系到人文现象时，又明显地偏向了儒家。而《吕氏春秋》产生于法家大本营——秦国，其中当然也会有许多法家的成分。当谈到社会安排时，又掺杂了一些来自墨家的影响。

从比较负面的角度看，这像是一个大杂烩，什么都拉进来，但从比较正面的角度看，这样的取径应该有其更深刻的用意。徐复观先生就认为，《吕氏春秋》的内容不单是贪多炫耀，内在有着一份创建大融合系统的严肃用心。这是还来不及充分消化的一个诸子百家初级 synthesis（综合体）。

同样是回应渴求秩序的时代背景，《吕氏春秋》提出了一个不同的设想，不是法家独大，压倒，甚至取消其他各家，而是建立一个较大的框架，尽量兼容并蓄，让各家主张在这个框架下互相折中，最后产生出每一家都有一点的新体系、新秩序。

因为秦国的内部斗争，吕不韦垮台了，换上李斯当权。不要小看这变化所带来的巨大差异。我们能从《吕氏春秋》明白地看出，吕不韦的政治视野是整合式的，包纳性的，但李斯却抱持了近乎绝对的法家立场，要尊法家，取消其他各家意见，封闭法家态度以外的任何异质空间。如果吕不韦没有失势，如果吕不韦在秦统一过程中能掌控更多，他的综合主义路线应该会让秦出现很不一样的政治运作，也让后来的中国历史呈现很不一样的面貌。

宏观地看，两条没有走的路就是两个错失了的机会。也就是说，中国在公元前 3 世纪出现了皇帝一人专制的帝国系统不是必然的，不应该被视为唯一的可能，更不能被解释为中国文化或中国社会不可改变的命运。所有历史的发展，一定有其偶然机遇，一定存在着现实以外的其他可能性。

秦兵马俑

汉代画像砖《荆轲刺秦王》

第九讲

秦始皇

01

考古挖掘出来的秦始皇陵

历史上早有记录，秦始皇活着时，就在骊山北麓大规模经营自己的陵墓。历史上也早有记录，骊山的秦始皇陵由内城、外城构成，在陵寝之上有厚厚的五十丈“封土”，换算为现代的度量衡，大约是115米。

1974年，在西杨村最早发现了秦始皇陵中的兵马俑。西杨村并不在传统认定的秦始皇陵范围内，而是在秦始皇陵东边1.5千米外。1972—1973年，这地方雨量不足，当地居民不得不挖井来补充水源。有一口井原本选定了要在两条原有水道构成的沟地里挖掘，但有经验的老师傅建议改位置，改在5米外一棵大柿子树下开挖。

这个大柿子树下挖出来的洞，后来就成为历史性的秦始皇陵一号探坑。开挖后，从地底深处挖出了许多破瓦片，瓦片形状拼起来有明显的人形。凿井的人原以为挖到了村民埋的瓦神爷，但再细看，又不太像。所以他们把瓦片清了清，再继续挖，接着就挖出了铜器。据说一旁打杂、凑热闹的年轻人偷了挖出来的铜器拿去卖了，这件事才传了出去。

地底里挖出铜器，让当地的考古工作者怀疑有可能是古代文物。不过即使是他们，一开始也没有和秦始皇陵联想在一起，因为西杨村的地理位置太靠东了。那是“文革”后“抢救考古”风潮兴起的时代，可能有文物出土的消息层层上报，到了 1974 年 4 月，当时的中央政治局委员李先念在会议中指示要重视。经过三个月的安排，国家考古队进驻此地。

在国家考古队之前，陕西地方的考古队先进来了，挖了一个 16.85 米乘 7.85 米的坑，试图确定文物埋藏范围。国家考古队接手，又将挖掘范围扩大到 24 米乘 14 米。挖到那么大，却仍然无法确定文物埋藏的确切位置，不可能继续往外扩，挖人家的田和树，准备要放弃时，却在 8 月 28 日出土了一件完整的青铜器。

这项发现使得考古队得以继续留在当地，有充分理由扩大挖掘工作，终于挖到了夯土墙的遗迹。于是考古队就循着夯土墙探挖，一段段将夯土墙所围的范围确定下来。经过了一年时间，到 1975 年 6 月，才算确认了这个遗址的规模。

这是惊人的规模！探测出来的总面积，是 230 米乘 62 米，而且在初步确认规模的过程中，就已有文物陆续出土，挖掘出了大约六百件，包括了后来我们熟悉的兵马俑。但那个时代，没有人知道这些泥塑的人俑和马俑到底是什么。

到了 1975 年 8 月，在北戴河的会议中，陕西地方官员向当时负责国家科技发展的聂荣臻汇报，首度提到这个考古遗迹可能和附近的秦始皇陵有关。于是聂荣臻和之前就关心过这件事的李先念商量讨论后，决定将这个考古项目提为国家重大建设项目，投资 200 万人民币，筹建一座博物馆。

那个时代，200 万人民币是一笔大经费，而且还是国家重大建设项目！这个决策的背景，可能是由于“文革”中批孔扬秦的意识形态，将秦始皇的历史地位抬到了最高，因此可能和秦始皇有关的文物受到了特别重视。

这决策给考古人员很大的压力，一来，他们并未确定这些文物是否真的和秦始皇有关。二来，考古还在进行，要怎么盖博物馆？

博物馆的基本构想，是将这个遗址整个包纳进来。然而这时候，对遗址的了解其实还有很多部分是推断的，甚至是猜测的。万一盖了博物馆，这个范围内却没挖出更重要的文物，怎么办？还有另一种情况：博物馆盖好了，却发现真正重要的遗址在博物馆外，又怎么办？

于是考古人员必须在有限的时间内，拼命想办法弄清楚遗址的边界。到了 1975 年 11 月，国家正式通过了博物馆设置的经费预算与工程进度规划，博物馆工程要正式开始了，于是要将遗址回填，保护起来，等博物馆盖好了才能继续进行考古工作。

博物馆在 1976 年 9 月动工，到 1978 年 4 月博物馆大厅完工，

5月8日，博物馆内的遗址重新开挖。重新开挖时，因为上层的表土必须先全面移走，挖出的土方非常庞大，还动员了解放军来帮忙。整个遗址范围划分为27个探方，原本的计划是27个探方全面开挖，由解放军工兵队将所有的表土挖开运走，大批考古人员再分工进行细部考掘。

然而细部考掘一进行，就发现了涉及的工作远超想象。从1978年5月一直到1981年9月，三年多的时间，才处理完了5个“探方”，占全区面积不到五分之一。而在这5个探方中，就挖掘出了1 087件陶俑。1979年10月，博物馆正式对外开放，考古工作在博物馆内持续进行。

02

兵马俑横空出世

1976年，在遗址回填、考古人员无法作业的时期，他们在附近做了一些勘探工作，结果在博物馆范围的北边很近的地方又发现了有文物埋藏。在这个地方进一步探挖，结果又挖出一个值得考究的大坑来，面积是124米乘98米。虽然比原来的第一个考古区小一点，却也是好大一块！

还没完，同样在这个原有区域无法作业的“空闲时间”，考古人员又发现了三号坑和四号坑。经过了后来几十年的挖掘，最早的一号坑面积最大，里面挖出了数量最多、排列得也最整齐、最壮观的兵马俑。二、三、四号坑也各有其特殊的出土文物，各有不同的重要意义。

二号坑范围内的一角，有过去火烧崩塌的痕迹。对地底出现的火烧痕迹，考古人员通常亦忧亦喜。忧的是一定有些文物被烧掉不见了，或烧得面目全非。那喜呢？火烧将空气消耗掉了，火烧后崩塌下来的土层又隔绝了外面的空气，这里面就形成了真空。那会是帮助文物保存几百年甚至几千年不变质的绝佳条件。

的确，因为火烧产生的作用，二号坑中出土了一些保存状况比一号坑更好的陶俑。最重要的是部分原始彩绘的色彩竟然能在两千多年后保存下来，因此我们才有把握去复原兵马俑的外表。一号坑出土的陶俑表面的彩绘几乎都脱落了，如果没有二号坑的出土文物，我们无从知道他们原先都是彩色的，更不会知道那色彩是如何涂上去，涂料又是什么成分。

兵马俑的彩绘分两层，先上一层底漆，然后在底层的生漆上第二次涂画。底漆和表面的涂漆之间一定有空气，所以时间稍微久一点，两层就会分离，而表层涂漆就开始脱落了。二号坑这几具兵马俑因为火烧，长期保留在真空状态中，然而一旦离开了真空状态，接触空气，漆会很快变质。快到什么程度了？刚开始考古人员没有防备，偶然先出土的彩绘陶俑提供了明确的“示范”：彩绘陶俑重新接触到空气，一分钟内就会变色，两分钟表漆就开始有了卷曲、变形的现象。

因此要将这些彩绘陶俑挖出来，还使其继续保持原始彩绘状态，那真是困难啊！考古人员必须不断小心探试，估计离兵马俑位置大约 10 厘米时，就不能再使用工具，要用微量的水，慢慢将泥沙一点点冲掉。剩下 1 厘米时，水也不能喷了，要另外准备好化学药剂，保证能够在陶俑出土的瞬间立即施以防氧化处理。

如此小心翼翼，二号坑得以出土了六具留有表面彩绘的跪射俑。这六具，每一具大约要花八个月才能顺利地挖出来。由此大家可以了解、想象挖掘工作有多耗时，也就能了解、想象为什么秦始皇陵的考古挖掘，必须花几十年。

二号坑的另外一项特色是挖出了“木棚”的遗迹，表明当年是靠着密密麻麻排列的木架形成顶架，来把这个放置兵马俑的空间撑开来的。这些木头当然都腐化了，但从残迹上仍然可以判断用的都是柏木，而且可以还原木棚原始的构架。

三号坑在尺寸规模上相对小得多，因为这里布置的是这支陶俑大军的指挥部。另外和一号坑、二号坑不一样，三号坑有曾经被破坏过的迹象，在考古学上称为“扰坑”。什么时候被侵扰，没人知道，挖开来之前，也不知道这是被侵扰过的。因此刚挖开时看到里面的状况，考古人员毛骨悚然，因为展现在他们眼前的是一堆没有头的陶俑，像是被砍了头。另外还有几具陶俑，是脚上头下被弃置在旁边大约 50 厘米高的一个土层上。

历史上有人进入过这个指挥坑，盗走了部分陶俑的头，可能还盗走了几具完整的陶俑。在这个指挥坑中找不到将军俑，最合理的解释应该就是被偷运出去了。这些人怎么进来的，将军俑或被砍下来的头去了哪里，到目前我们一无所知。

四号坑也有特别的故事。这是个明显没有完成的工程。为什么没有完成？也许是因为秦始皇之死来得突然，比他自己原先预期的早，当然也就使得骊山陵寝工程配合不上，必须提早启用。也有可能是因为秦始皇死后没有多久，陈胜、吴广揭竿而起，天下骚乱，骊山陵的工程就无法按计划继续进行了。

目前的考古挖掘除了兵马俑坑之外，还挖出了秦始皇陵园。陵园中有一块区域应该是陪葬区，有许多人骨。还有一个便殿，旁边有比较简陋的房舍，应该是给园丁和服伺人员住的，至于园丁和服伺人员是以陶俑来代表，还是以真人陪葬，因为没有全面开挖，尚无定论。

便殿边有厨房，还有马厩，在这里出土了两组非常完整的铜铸四马一车，这里也就被称为铜车马坑。铜车马组和兵马俑的不同之处在于前者不是以实物大小铸造的，尺寸上比实物小一点。尺寸虽小，但车的构造却极其精细，考古及技术人员花了六年的时间才将超过一万个零件拼凑回一辆车。

复原的工程极其复杂，除了那么多的零件要一件件确定究竟用在什么地方，还受到时间的考验。即便是铜铸的，经过那么久的时间，许多零件还是有了或大或小的变形，因而就算知道了零件的位置，还要以巧思，在最少改变出土现状的条件下将整辆车拼起来。通过这两组铜车马，我们见识到了秦代青铜工艺的技术水平。

03

秦始皇陵停挖

前面说到，兵马俑是在距骊山陵 1000 多米的西杨村挖出来的，但这并不是传统上对于骊山陵地理位置的认定有错，而是这些庞大的兵马俑阵仗还不是秦始皇陵的主体，只是其外围的卫戍部队。

秦始皇陵的主体仿照当时咸阳城的布局，分内、外两城，内城周长 2.5 千米，外城 6.3 千米。秦始皇棺椁及主要的陪葬品位于内城的西南。这些内外城区域埋在近 80 米的封土下，要先将封土移除了才有办法挖掘。但依照传统记载，秦始皇陵还在地底很深的地方，“穿三泉”，可能有 30 米深，不是移走了封土就了事的。

对于秦始皇陵的主体，前后挖了超过十万个探坑，其中最深的挖到地下 26 米。以探测的结果来看，核心的地宫外有夯土墙，规模是460米乘392米，比兵马俑坑要大得多，面积是一号坑的十几倍。

科学探测发现，地底的秦始皇陵中有强烈的金属反应，表示可能有大量的汞封藏在里面。《史记·秦始皇本纪》中对于骊山陵的描述是："始皇初即位，穿治郦山，及并天下，天下徒送诣七十余万人，穿三泉，下铜而致椁，宫观百官奇器珍怪徙藏满之。令匠作机弩矢，有所穿近者辄射之。以水银为百川江河大海，机相灌输，上具天文，下具地理。以人鱼膏为烛，度不灭者久之。"有汞反应，表示这段话中所说的"以水银为百川江河大海，机相灌输"可能是事实。

地宫所在很深，"穿三泉"意味着修建陵寝时挖到了地下水层，也就意味着地宫里有特殊的挡水机制，很有可能是以大量的石块投入地底，阻止水进入地宫里。借由探坑的探测，我们得知围着地宫的夯土墙仍然挺立着，没有发现明显侵入盗墓的痕迹。不过谁都不知道底下确切的状况如何，也没有人能预测何时这些地底文物得以出土。

考古学界目前有共识，对于实质开挖秦始皇陵抱持反对态度。最根本的理由，就是没有把握能够妥善保护藏在地下的文物。目前壁画、陶器、纸、绢、丝这些东西的保护技术离有十足把握还很遥远。埋在地下两千多年的文化，下葬之初会氧化、腐烂，但几年后情况就稳定了，在缺氧的环境中可以保存得很好，若是现在贸然挖出来，受到空气、湿度、温度、光、震动等变量影响，很可能在几分钟内就会受到永远无法弥补的破坏。

要开挖秦始皇陵，先要铲掉上面的封土，封土挖开了，广达20多万平方米的地宫要多久才发掘得完？这漫长的发掘过程中，要如何保证遗迹不受前面所说的种种因素破坏？揭开封土发掘完了，又如何将封土覆盖回去，恢复原来面貌？这些根本问题，目前都没有答案。恐怕短时间内也不会有答案。秦始皇陵的规模太大，形成了不只是中国考古界，甚至是全世界考古界都没遇过的严苛考验。依照现有的考古钻探技术，光是要全面了解地下埋藏状况，估计就得花两百年时间！当然，现代高科技随时可能有新的突破，不过显然，在全面了解完成前，不必，也无从去考虑实质开挖秦始皇陵的问题。

04

秦始皇对自己的历史定位

不需要等到考古人员将地宫挖掘出来，就目前得到的资料，我们已经确定骊山陵的规模，同时也明白了能够兴筑这样的巨型工程，当时秦的国力有多强大。和骊山陵同时兴建的阿房宫，今天已经找不到任何具体遗迹了。一度，历史研究者认为传统上对于阿房宫的描述应该是严重夸大的，也有人怀疑阿房宫是否真正建成了。然而依照骊山陵考古提供的具体证据，我们就没有理由，也不需要再怀疑史书上关于包括阿房宫在内，秦统一六国后所进行的种种建设了。

依照《史记》，光是兴建骊山陵就动用了七十万的刑徒，才盖出了中国历史上最庞大的陵寝。如此不恤民力地建造死后居所，至少呈现了三层意义：第一，秦始皇在统一六国之际感受到强烈且空前的自信；第二，秦始皇对于死亡高度重视或恐惧；第三，在法家体制下，秦创造出规模惊人的强迫性劳动力。

统一六国，使得秦始皇认定自己完成了一件空前的事业，产生了与过去历史断裂的特殊心态。这是一个全新的开端，他打造出了一个新天新地，他比历史上曾经出现的任何人、任何帝王都还伟大，以任何方式来记录、彰显这件事都不为过。

这样的空前意识与战国时代的思想主流，尤其是儒家的信念直接冲突。儒家相信历史的鉴照作用，不只是主张将时间倒拨，回到周初甚至尧舜时代的礼仪状态，而且主张要有效处理现实问题，必然需要历史、先王所提供的范例与规则。

除了法家之外，战国时期的其他派别在这点上基本和儒家站在一起。他们大致都崇古尊古，因而习惯从历史上寻找权威，来抬高自己的意见，因而使得战国成了最热闹的“造史”时代。许多关于中国古代事迹的说法，都源自战国时代的百家争议。在言论竞争中，将自己所相信和主张的，摆放到古人的口中，或改写成古人的经验，成了这个时代流行的做法。《老子》成书于战国，因为这种心态潮流的冲击影响，硬是被提早了几百年，附会到比孔子稍早的老聃身上去了。

到战国，中国思想中已经明确地建立起“过去的黄金时代”，或说“过去的乌托邦”的模式，主张甚至深深相信在过去曾经存在过理想国度，有近乎完美的人类社会。

乌托邦不在未来，而在过去。过去的乌托邦对于人心的影响大不同于未来的乌托邦。将乌托邦设在未来，大家都知道那是想象的，顶多是推论或推测的。但相信乌托邦在过去，却是认定如此近乎完美的人类社会是现实，是曾经实现过的，不单是想象。明明是想象，但一旦设定在过去的时代中，就取得了一种“历史实然”的权威，阻止别人质疑“这不可能”“太理想化了”。

因而，战国时期各家各派都将理想社会投射到古代去，而且进一步产生了“越古老越完美”的定律，要强调自己所主张的社会、文明秩序比别人的好，就将这种秩序投射到最古远的时代去。你认为理想社会出现在周初，我就把我所相信的讲成商代成汤时代的典范，另外一个人就再将他的理想社会图像依托到比成汤更早的夏禹身上。再要比，又会有人将他的主张放到比夏代更早的尧、舜时代去。

这也就是为什么到了战国，中国古史记录一方面大爆发，一方面大混乱，因为大家都在寻找、创造更古老的历史作为自身主张的权威基础。越古老越完美的基本规则也就产生了顾颉刚所形容的“古史层累构成”的效应。越古老的历史，是由越后来的人，基于论证上压倒前人的需要，而往前去创造出来的。

“过去的乌托邦”给了人强大的信念，相信理想社会是真正存在过的，需要做的，是复原过去的状态。这和想象未来，配置各种让理想社会在未来实现的条件很不一样。也因为这种信念，使得中国人格外重视历史。历史不只是保存了过去，而且藏着理想社会、理想人生的典范与例证，回归历史，可以让我们循线重建理想社会、理想人生。

秦始皇熟悉这一套战国价值，因为熟悉，所以特别感到厌恶。

这种历史观念降低了他统一六国功业的意义。在这种历史观里，所有最美好、最伟大的事都发生在过去，都在过去发生过了，今天、现实所成就的，与“过去的乌托邦”相比都没那么美好、那么伟大。秦始皇无法接受这样的评价，因而他特别突显、强调他所完成的是空前的功业，他创造的是前所未有的一个全新的开端。

空前再重要不过，所以要推翻过去的历史权威，甚至要睥睨历史，来建立秦始皇的自我至高评价。

05

秦始皇的心态

秦始皇最重要的成就，他自己明白，别人也清楚，当然就是统一六国，结束了原来的分裂状态。统一，是建立在众人的集体心理期待基础上的，列国并立打仗打了上百年，大家都累了，希望战争停止，希望和平来临。

和平怎么来的？靠统一。完成了统一，在秦始皇，乃至整个秦帝国的集体意识中刺激出了强烈的价值倾向，认定统一、集中就是好的，分别、多元就是坏的。现实秩序靠着统一而得以重建，多年混乱靠着统一而得以收拾，统一就升高成为意识形态指导原则。

于是连历史都被统一了。秦始皇的心态，接近于“历史的终结”，要求过去的种种变动到此为止。他的空前成就，也就是让过去的变化到此为止。变化让大家痛苦，而变化起自分别、多元，一旦统一了，解决了痛苦，也就一并地取消了变化。秦始皇认定他所创造出来的这套秩序和过去的其他制度都不一样，应该会永久恒常持续下去，所以他自称“始皇帝”，规定后面的皇帝就依照二世、三世、四世的数字排列下去，直到无穷。他对于秦帝国的想象，是绝对的——绝对的价值，绝对的自信。

这样来理解秦始皇的心态，对于他如此在意死亡，甚至抗拒死亡，就不会感到意外了。他找到了一个超越历史，建立永恒秩序的方法，在统一中，这套秩序会永远维持下去。然而这统一、永恒的原则里，出现了一个漏洞——他可以在空间上完成统一，但他自我的生命却无法超越时间、统一时间，不能恒常存在。他会死，他的帝国可以对抗时间，为什么他个人却没办法？

要对抗时间，一种方式是想象死后生命，期待死而有知，或以一种不同于活着的形态延续。建巨大陵寝，设计了重重保护，就是要为这样的死后生命做准备，也是一种和死亡周旋的方式。除此之外，在接触到东方思想时，秦始皇也曾被另外一种与死亡周旋的方式深深吸引，那就是寻求成为长生不老的神仙。

依照《史记》的记载，始皇二十八年，也就是统一后的第三年，秦始皇巡行东方，在齐国故地遇到了一个叫徐福的人。徐福上书说，东海之中有蓬莱、瀛洲、方丈三座仙山，山里的仙人有着可以让人长生不老的方药。于是秦始皇就答应徐福所请，依照他宣称的求仙药所需的配备，给他数千童男童女入海。但徐福一去，多年没有消息，有传言说他带了大批幼年人口航海到了今天的日本，成了日本人的始祖。

过了几年，到始皇帝三十二年，在河北秦皇岛附近，秦始皇又遇到了燕人卢生。卢生自称认识真正长生不老的仙人，叫羡门、高誓。然后又有韩终、侯公、石生等一连串的人，陆续都得了秦始皇的赏赐去寻找不死之药，但没有一个有结果的。这里面卢生胆子最大，花招最多，想了很多借口解释为什么得不到仙人的长生不老药，甚至还教秦始皇必须出入隐匿，不能为人所知。

然而卢生说法再多，终究不可能真正求得仙药让秦始皇长生不老。于是对别人，卢生又想了另外一套说辞，借口是因为秦始皇贪于权势，所以没办法帮他求仙药。然后卢生就悄悄逃走了。发现卢生逃走，又听说卢生在背后如此批评他，秦始皇大怒，于是下令全面查问"诸生在咸阳者"，有妖言惑众的，就通通抓起来，最后抓了四百六十多个，一并予以坑杀。

这就是后世称为"坑儒"的事件。

从《史记》中我们明显看出古怪，引发这个事件的明明是方士，为什么会变成"坑儒"呢？那被坑的四百六十多人到底是方士还是儒生？关于他们的身份，我们现在已经没有足够的信息来仔细验证了，不过从史料中，大约可以追溯方士惹怒秦始皇，却导致"坑儒"的原因。

关键在于"妖言以乱黔首"这个问罪标准。方士有两件事得罪了秦始皇，第一件是骗他要去求长生不老方药，却没有求来，第二件是卢生攻讦秦始皇"贪于权势"。即便在盛怒之下，秦始皇也不会将整肃方士的重点都放在第一件事上，那样岂不就突显了自己不够明智竟然受骗吗？于是这“妖言”转而强调批评攻讦始皇帝及其施政上，如此原本是方士惹的祸，就祸及儒生，甚至导致了焚书。

06

严禁私学，整肃方士

什么样的人会用什么方式批评、攻讦始皇帝？在这个方面，始皇帝最讨厌的是儒生，而儒生批评他的方式，是“以古非今”。儒生继承孔子以降的儒家根本信念，相信最理想的典范，在古代，在先王，现实不过是古代理想的沦落，终极目标应该要恢复古代的理想，追摹过去的圣人，他们当然习惯用想象中的古代至高标准来衡量、批评当下现实。

这和秦始皇的观念形成了强烈冲突，是他最不能接受的。他自认开创了空前的功业，但在儒生的价值评量中，却总是抬高过去历史的成就，指摘他做得不够或做得不好。

始皇帝三十四年，也就是“坑儒”事件的前两年，始皇帝过生日，周青臣赞颂：“日月所照，莫不宾服……人人自安乐，无战争之患，传之万世。自上古不及陛下威德。”这样的赞词，完全符合始皇帝的自我认知、自我评价。然而周青臣的话却惹来了博士淳于越的反感，后者直接在始皇帝面前反驳前者：“事不师古而能长久者，非所闻也。今青臣又面谀以重陛下之过，非忠臣。”强调依照过去殷周前例才是正道，斥周青臣“非忠臣”。

在皇帝面前有了尖锐冲突的不同意见，于是“始皇下其议”。丞相李斯当然知道皇帝真正的态度，便毫不含糊地替皇帝表明：“五帝不相复，三代不相袭，各以治，非其相反，时变异也。今陛下创大业，建万世之功，固非愚儒所知。”这是彻底相反的历史观，甚至可以说是“反历史观”。历史的价值，不过在于呈现“时变异也”，不同时代“不相复”“不相袭”。

儒家视为典范的三代圣王有什么了不起的？李斯说：“三代之事，何足法也？异时诸侯并争，厚招游学……古者天下散乱，莫之能一，是以诸侯并作，语皆道古以害今，饰虚言以乱实，人善其所私学，以非上之所建立。”三代最大的特色，不过就是“散乱”“并争”，也就是“天下共苦争斗不休”的来源，怎么可能值得羡慕，更不可能拿来当作标准批评现实。秦始皇所建立的现实，是“天下已定，法令出一，百姓当家则力农工，士则学习法令辟禁……皇帝并有天下，别黑白而定一尊。”诸侯列国消失了，在政治上形成统一，法令也统一了，那么很自然，思想、是非标准也应该一并统一。

因而李斯就进一步从执行的角度，提出了统一思想、是非标准的方法：“私学而相与非法教，人闻令下，则各以其学议之，入则心非，出则巷议，夸主以为名，异取以为高，率群下以造谤。如此弗禁，则主势降乎上，党与成乎下。禁之便。臣请史官非秦记皆烧之。非博士官所职，天下敢有藏诗、书、百家语者，悉诣守、尉杂烧之。有敢偶语诗书者弃市。以古非今者族。吏见之不举者与同罪。令下三十日不烧，黥为城旦。所不去者，医药卜筮种树之书。若欲有学法令，以吏为师。”

关键目标在禁私学，不准人们“各以其学议之”。私学最大的势力，是“以古非今”，所以就彻底断绝“古”的来源，将记录古时事迹的书籍全面烧毁。正式的史书，只准留秦国的官史，其他过去王官学和诸子学的记录一概摧毁。

禁私学的同时，还制定出“公学”——统一思想标准——的内容，那就是“定于一尊”，没有讨论、商量余地的“法令”。除了具体有实用、技能性的书籍（“医药卜筮种树之书”）以外，“法令”成了唯一能够继续存在的知识内容。

李斯提议、秦始皇决议施行的，不是特定针对“儒家”，而是更普遍地阻绝任何多元知识与评价的来源。“诗、书”是周代传统王官学的代表性内容，也是儒家主要的思想依据，但“诗、书”之外，“百家语”也同样都要灭除，不准流通、学习。这项措施背后的动机，不是反对、仇视儒家，而是对于“统一”的追求。

虽然李斯奏议上规定三十日内要将这些书都“杂烧之”，但几百年的传统哪有可能真的这么快就消失？人们心中抱持的不同想法，哪有那么容易就统一了？两年之后，爆发整肃方士事件时，显然还有很多不认同始皇帝做法的人，社会上也流传着许多批评的意见。这些人就在大搜咸阳并鼓励告密的情况下被抓、被坑了，其中不会只有方士，当然也不会都是儒生。

07

书同文

统一是秦帝国最核心的指导原则，泯除过去列国并存所造成的多元、差异现象是新帝国最积极的施政方向。“统一”就是对的，多元、差异就该除之而后快。

始皇二十六年灭齐后，立即采取了统一度量衡的措施，由朝廷铸造标准的度量衡依据，上面有刻字认证，送到各地，从此长度、重量、容积就都按照这一标准统一。秦同时也进行了文字的统一，史称“书同文”。

中国的文字已知最早见于商文化，最早用来记录超越现世的祖神给予的信息，带有高度秘密色彩。周人学习、传承了这套文字，进行了大幅的功能改造，用来记录贵族教育王官学的内容，并进一步让这套图像文字和语言、声音产生规律关系，让文字得以用于记录语言上。

到了始皇帝的时代，文字又有了另一次的功能转变。现在文字最主要的功能是将法固定下来，让每个人都知道，都乖乖遵守。从郑子产“铸刑书”以来，这就是法家惯常看待文字的角度，法要发挥作用，就要“信赏必罚”，这“信”和“必”，都牵涉法有确定不移的内容，不随个人主观意志而改变。

确保每个人都守法，前提是要每个人都知道法的内容，而且每个人知道的都一样。这也就是为什么统一之后，始皇帝就毫不迟疑地推行了“书同文”，将战国时期各国分别发展出来的不同文字进行全面整理。“书异文”的情况下，以文字记录下来的法就会带有歧义，那是法家统治概念下不能容忍的事。

秦始皇巡行各地，所到之处都留下刻石，除了用来表彰空前功业之外，另有借刻石示范统一文字的作用。刻石上用的文字都是由李斯主导创制完成的“小篆”，表示从此之后你们各地原来使用的其他形体文字都要废止了，改用这套统一的新字体。“小篆”复杂难写，所以后来为了让书写方便、快速，又发展出另外一种字体“隶书”。

秦始皇极重视文字，但他重视文字的理由和之前的周人很不一样。对他来说，文字不是贵族文化的核心，也不是思想、主张的表达工具，而是必要的统治手段。识字才能知法，有统一的文字才有统一的法，反过来，要传扬统一的法，就要有统一的文字，还要有用统一的方式学习法、学习文字的人。

秦始皇将文字转化为传播工具。他的功业既然已经终结了历史的变化，当然就不需要再用文字保留过去，过去只会带来“以古非今”的不愉快。文字要面对当前、面向未来，要替当前和未来制定规范。新铸的标准度量衡上有刻文，告诉人民这是多长多重，还训诫人民从此只能依照这样的标准来度量。刻石铭文上宣告了这个新时代的来历，并清清楚楚表述新时代对于人民的种种要求。通过这种方式，法与秦始皇的训令传播到了各地，文字在其中扮演了关键角色。

中国文字在战国时期大幅发展，产生了许多新字。最主要的，是“形声”原则的普遍运用。“形声”造字使得这套图像符号能够更紧密地和语言结合在一起，于是各国各地就按照当地的语言发音，以“形声”的原则造出了很多字，使得文字数量大幅成长。这种字各有各的写法，往往离开了发明的地方，就没有人认识了。

秦始皇和李斯大力整顿文字，最重要的一项工作就是将“形声字”的写法统一固定下来。在此之前，代表声音的符号和代表意义的符号如何结合没有规律，各国各有一套自己的规则，但在“书同文”之后，就确立了今天我们称为“偏旁”的原则。“形声字”基本上以左右分，左边是“义”，右边是“声”。

今天我们会说“竖心旁”，意思是这偏旁是“竖起来的心”，为什么要让心竖起来？因为要符合“书同文”的原则，所以创造了一个总是写在左边的符号代表“心”，看到这个“竖心旁”，我们立刻就明白这个字的意思应该和感情有关系。至于这个字怎么念？到今天我们也都留着通俗指引，“有边念边，没边念中间”，即字里应该会有一个代表声音的符号，如果左边是“心”代表意义，那么通常右边那个符号就代表了声音。

现代中文里，有“忍”“态”等同属“心”字边，却不是“竖心旁”的字，它们的“心”没有竖起来，而是躺着写在下方。“火”字旁也有放在左边和放在底下的不同写法。这种字就是“书同文”过程中没能彻底改变的例外，同时也显示了当时战国文字的复杂情况。同样是表示感情的“形声字”，“心”可以居左、居右，可以在上、在下，那就必然造成辨识与书写上的巨大困扰。

另一个“书同文”没有收拾干净的例外是“阜”与“邑”，我们一般通称“左耳刀”“右耳刀”的偏旁。这两个偏旁本来是同一个，都是代表和居住处有关的意思。依照“书同文”的规范，统一将偏旁都放到左边来，应该只有“左耳刀”，但显然当时已经存在许多“耳刀”写在右边的字，没有被完全改变过来，于是后来就变成了两个偏旁并存。像“部”和“陪”，两个字组构的元素其实完全一样，读音却不同的，意思也不一样，儿童习字过程中常常将它们搞混。由此我们也可以推想，如果没有当时“书同文”的整理，中国文字会有多乱，甚至不同地方都可能逐渐有了自己的单行文字，慢慢文字系统就分化了。

08

统一货币，开驰道，以吏为师

统一六国后，另外一项被快速消除了差异的是货币。战国经济发展，产生了对货币的需求，但刚刚出现的货币五花八门，有不同的材料、不同的模样，当然就一定有不一样的价值。这么明显的差异，不可能被新帝国容许。《史记·平准书》记载："及至秦，中一国之币为二等，黄金以镒名，为上币；铜钱识曰半两，重如其文，为下币；而珠玉、龟贝、银、锡之属为器饰宝藏，不为币。"秦明确制定了货币的统一规格，等级、形制与重量都有严格规定。

秦代半两钱的标准规格，据《古今注》所记为"径一寸二分，重十二铢"，直径相当于现代 2.8 厘米，十二铢的重量则相当于现代 8 克左右。秦半两钱外圆中有方孔，承袭了战国时期秦国的秦"半两圜钱"的式样，有"天圆地方、涵盖宇宙"之意。从功能上看，这种形制便于穿绳，容易携带，解决了过去其他材质货币复杂沉重的种种不便。

除了铜铸、重十二铢的“半两钱”之外，另外也接受黄金作为货币流通，依照重量计，称“黄金几镒”。除此之外，原本各国使用过的其他材质货币一概废除，不得流通。

还有一项重要的统一工程是“开驰道”。“驰道”的起点都是秦都咸阳，一条往东北，到燕、齐，另外一条往东南，到吴、楚。“驰道”既有实际作用，也带有高度象征意义。实际作用是让帝国的军队可以从驰道上快速奔赴离咸阳最远的地方，避免因为距离产生统治松弛，威吓远方不要心存侥幸不守规范，如有变乱便可立即打击处理，避免祸害坐大。

“驰道”上刻凿了固定的轮槽，功能与铁轨相似，马车在上面行走，车轮是卡在轮槽里的，如此就能免除翻车的顾虑，让车跑得更稳更快。如此一来，“驰道”的建设也就和“车同轨”的措施联结在一起，车必须符合统一的轮距，才能在“驰道”固定的轮槽里行驶。

两条“驰道”之外还有一条“直道”也是用同样的方式兴建的，但为了特别强调其军事上的功能，所以没有叫“驰道”。“直道”和长城一样，是特别为了对付匈奴而造的，匈奴所在之处离咸阳太远的，用“直道”和长城来警告匈奴，不要心存侥幸，妄起事端。以长城为界，界内的区域就是一统的，要尽量都变得一样；而不一样的人、不一样的制度与生活，就用长城隔绝在外。

域内最终极的统一就是思想上的严格收束。规定“以吏为师”，事实上就等于取消了由孔子所开创的“老师”这个角色。“以吏为师”关键不在和谁学习，而在学什么、用什么方式学。从此之后，只能学法，学皇帝、朝廷制定的律令，除此之外，别无可学的。而且要学法，也不会让你读《韩非子》，因为那是用来了解法的原理与运用的，是知识；现在你只能跟随“吏”学习，也就是为了守法或执行法令赏罚而学，不能将法当作知识来了解。

“以吏为师”取消了老师，“坑儒”则有另一个作用——取消了盛极一时的纵横游士。这两件事是彼此关联的，更曾是战国时代最突出、最热闹的现象。有老师，有跟随的弟子，就形成了实体的派别，从孔子开始，老师就带着弟子们到处走，去接触各国国君，提出各种治国主张，这其实也是游士的起源。到战国时期，游士们的主张更是五花八门，阵仗更大了。主张国君都应该自己种田的许行，到梁国去时就带了七十个人，梁国国君忙不迭地接见他，听取他的意见。许行都如此，那比他影响力高上十倍百倍的苏秦、张仪就更不用说了。

这些人靠着发表对于国政的意见得到地位与权力，秦始皇的大一统不允许这样的事继续存在。被坑的四百六十多人主要的罪名就是批评皇帝、批评时政。这意思很明白了，不怕死的就继续发表不同的国政意见吧！过去给游士带来地位与权力的做法现在只会带来灾难、惩罚，甚至死亡。

在这点上，秦始皇也清楚地表明了终结前一个时代，和战国彻底截断分开的态度。

09

严刑峻法

“今天下已定，法令出一，百姓当家则力农工。”新的时代，作为帝国子民，只有两件事要做，第一是“力农工”，专心努力把生产搞好，第二是明了与你有关的律令规定，别乱来，别犯法。

这两件事又在一点上重叠，那就是法的规范将一般人钉在土地上，不让人任意离开土地。秦的法律规范了特殊的“市籍”，一个人的身份挂在“市”那边，也就意味着这个人没有土地，不是正常的农人。列入“市籍”的人，在帝国中明显属于次等公民，地位只比刑徒高一点而已。

秦代律令文献中有一个常见的关键词“发”，指的是动员劳动力来为朝廷工作。首先会被“发”的对象，就是犯了法受罚的刑徒，如果刑徒不够用，那么接着就发“市籍”，而且很多时候，一

“发”就直接同时“发”刑徒和“市籍”，这表明在朝廷眼中，这两种人实在没什么差别。

这样的法令精神当然就是我们今天说的“重农轻商”，甚至该说“重农贱商”。为什么“贱商”？除了传统经济观念中，觉得商人没有直接的生产贡献之外，在新的统一控制大背景下，商人到处流动，不会固定在土地上，和大部分的农人不一样，会制造控制上的问题。不一样，又难控制，就是要被尽量裁抑的。

秦的律令以刑罚威吓为基础，朝廷坚信刑罚越重，越能收获威吓的效果，使得人民不敢犯法，这样的观念就引来了“轻罪重罚”的作风。如果有一伙人联合偷盗，有人主谋，有人下手，有人把风，破案之后，该怎么罚？睡虎地出土的《法律答问》中明确规定，很简单，就看这一伙人犯下的罪里哪条最严重，所有人都处以与这条罪状相对应的刑罚。这是不分主从的判罚方式，而且就算是团队内最边缘的从犯，也和主谋同罪。

法家相信人性本恶，相信要用外在力量来规范人的行为，所以也就相信“轻罪重罚”的效果——连轻罪都罚得那么重，人被吓得连轻罪都不敢犯，当然就不会去犯重罪了。在这一点上，和将礼与法并列思考的儒家相比，法家对于人的认知、了解实在太简单，对于法落实执行会产生的连带作用也太缺乏思考、想象能力了。

他们没看到的连带作用，后来就成为偌大帝国快速瓦解的根本原因。“轻罪重罚”，失去了罪与罚之间的比例关系，造成“以刑致刑”的连环反应，犯罪受罚的人越来越多，终于多到破坏了这套制度赖以存在的社会结构。

那个时代没有犯罪矫正的概念，制定刑罚基本上都是为了报复、恐吓。犯了罪还把你关起来让你有吃有住，那是不可思议的。重罪罪犯会被剥夺生命，有腰斩、车裂等各种虐杀方法；轻一些的刑罚是砍手、砍脚、割鼻子，让犯人终身残疾；最简单、最普遍的惩罚，则是“夷为城旦”。城旦指的是筑城工，因为当时需要动员大量劳动力建造工程，主要就是筑城，于是后来城旦就引申为“强制劳动力”。

“夷为城旦”意味着犯罪变成了公家的免费劳动力。城旦是一个身份，处罚的本身就是取消你原来的正常身份，降等（“夷”）为城旦，因而没有规定刑期，没有时间长短的分别。变成了城旦，就一直是城旦，除非有什么特别的理由再将你升级，否则你永远不可能摆脱城旦这个身份。

“轻罪重罚”“以刑致刑”最大的效果，是在很短的时间内将帝国里的一大部分人口，都变成了强制劳动力，说得更明白、更直接些：他们都成了公家的奴隶，形成了规模不断扩张的奴隶大军。

公家奴隶很好用啊！可以派去修“驰道”，也可以派去建长城、阿房宫和骊山陵。“轻罪重罚”下，在帝国里不管犯了什么样的罪，都被罚来成为公家的奴隶。奴隶不断增加，要几万有几万，要几十万有几十万，难怪始皇帝可以不断启动这些空前的大工程！因为他掌握了空前的公家奴隶队伍，绝对是周代八百年见所未见的，而且其规模还在逐日逐月扩大。那么庞大的强制劳动力不用白不用，当然就对皇帝和整个统治系统产生了高度诱惑，刺激他们不断设计出运用这些劳动力的工程。这是秦始皇“好大喜功”的一个关键因素。

然而“以刑致刑”也必然形成了这套法家系统内部最大的矛盾。原本朝廷对于人民最严格的要求有二，一是留在土地上努力生产，二是安居不动，别制造问题。但一个人一旦变成了刑徒，被拉去参与强制劳动工程，他就不得不离开土地，既不能致力于农业生产，还要千里跋涉远方去。

“轻罪重罚”使得很多人离开土地，无法安居乐业，于是原有的农业经济基础被破坏了，原有的邻里组织基础也被破坏了。

在此之上，始皇帝为了防范六国遗民作乱，又两度下令将各地的富豪迁到咸阳来就近看管。这些人也离开了旧有的基础，也成为无根、不受土地与邻里组织约束的人。

10

秦始皇留下的危局

五十万人筑长城、七十万人盖骊山陵，又有几十万人沿着路线修“驰道”，这些人都从经济生产体系中游离出来了。这么多人被拉出来成为刑徒，既有的生产体系和邻里安全系统还可能维持吗？而且这么庞大的刑徒部队，所到之处又必然对当地造成大骚扰，毕竟要他们工作，不能不给他们吃、喝，不能不让他们活下去。除了生活必需条件之外，他们还要有工具。这些需求又压在已经被破坏了的生产体系上，造成更大的伤害。

秦的灭亡可以溯及陈胜、吴广，这二人具有高度的代表性。他们带领着“徒属”赶路，“遇雨失期”，赶不上规定的日期了，“轻罪重罚”的制度下，迟到了就要被杀，于是与其去赴死，还不如干脆逃亡起义吧！

他们一反，立即引发了连环效果。一个效果是“诸郡县苦秦吏者，皆刑其长吏，杀之以应陈涉”。为什么“苦秦吏”？因为“秦吏”最大的作用、最重要的任务，就是管律令、执行律令，也就是将人民罚为刑徒，造成妻离子散的惨况。而本来靠连坐法建立的严格的邻里组织，又随着刑徒大量离去而近乎解体了，也不可能发挥牵制、抑止骚动的作用。

另一个效果则是因为刑徒满天下，造反了的刑徒很容易就能遇到别的刑徒队伍，很容易煽动其他的刑徒也同样杀其官长逃亡。于是，本来区区几十个人的叛逃部队，在很短的时间内就壮大为几百人、上千人。这也是“以刑致刑”带来的自我毁灭，若照原本法家的设计，每个人都乖乖绑在土地生产与邻里系统中，谁敢去参加叛逃刑徒的起义？小部队的骚乱，很快就能被追捕、镇压了。

刑徒成了帝国中最难控制的变量。刑徒的规模成长到一定程度，制造出刑徒来的制度再也管束不了刑徒，这套制度也就运作不下去了。这是秦帝国快速灭亡最根本的原因。

秦之灭亡，亡在系统内部的严重矛盾。巨大的工程，表面上看有助于帝国的统一，然而动员如此规模的劳动力，破坏了帝国内在的生产与社会体系，是真正“动摇国本”的可怕力量。秦始皇只看到了刑徒带来的建设方便，可以大肆兴建阿房宫、骊山陵，却看不到其致命影响。

秦快速灭亡，还有一个因素，是始皇帝早逝。这也是始皇帝自己没想到的。秦始皇 49 岁去世，年纪不算大，不过说他早逝，更重要指的是他的心态，他从来没有认真地想过死亡的问题。

秦始皇一度相信方士，积极寻找长生不死的方药，多次受骗后绝望了，愤而坑杀方士，但他仍然没有接受“人必有死”的事实，持续兴建骊山陵就是明证。他相信，或说他希望，活人的世界和死人的世界之间，有着某种连续性，可以借由这连续性让他“虽死犹生”。

骊山陵的基本建设原则，其实就是尽可能完整复制秦始皇活着的现实环境。为什么那些兵马俑每一具都有独特的面貌，而不是以一个模子统一造出来？因为在现实里没有两个人长得一模一样，复制现实，也就要确保地底下的人也不会有哪两个长得一模一样。

几千个真人大小，各有相貌、身材特色的陶俑，不会是不小心造出来的。发展出这样的工匠技术，投入这样的资源，背后必然有着强烈的信仰支撑。那信仰是死后的世界要重现活人的世界，活人各有相貌、形体，马各有肥瘦，那么在死后的世界里，人也一样要各有相貌、形体，马也要各有肥瘦。

这是秦始皇抓住的最后希望，他期待自己还能活在那个死后的世界里，他要确保那个世界尽量延续这个世界，让他不过就只是从这里到那里，在不同的时空中移动罢了。显然，他完全无法接受死亡带来的生命断裂，不能接受、不能想象人死了就和活着的这一切都没有了关系。

因为从来不相信自己真正会死，所以这样的人也就不可能在活着的时候为自己死后的帝国做任何安排，甚至他活着的时候没有任何人敢去考虑他死后的事。所以不管他以任何方式死去，从帝国统治的角度看，他必定留下了一个没有准备、措手不及的混乱状况。

11

秦帝国的瓦解

秦始皇没有为二世皇帝继位做任何安排。其实如果可能的话，他也宁可让自己克服时间，长久存在下去，而不去思考谁来继位。他的努力都放在如何克服死亡带来的断裂，如何与时间、人寿争斗。

骊山陵的设计、修建反映了秦始皇的终极梦想。从地宫到陵园再到外围的卫护部队，当一切都准备妥当了，始皇帝死后就会进入那个空间，继续当他的皇帝。他一定要，也相信自己一定会找到一种空前的办法，将那个空间和活人的这个空间接续起来，让他可以从那个空间维系他的统治。

然而讽刺的是，就当秦始皇如此认真思考、设计死后都还能统治这个帝国的方案时，帝国本身已经快速地朝他想象的相反方向滑落。原本在法家的价值信念中商人可恶又可怕，因为他们是流动人口，不会乖乖待在一个地方让朝廷找得到、控制得了。但法家“轻罪重罚”的做法，却在帝国内创造了几十万、上百万的流动人口。商人的数量怎么能和刑徒相比，而且任何个别商人对社会稳定造成的冲击，又怎么能和任何个别的刑徒相比！

这是个再清楚不过，也再严重不过的问题，但秦始皇非但没有着手解决，而且也没有做政治上的接班安排，让政治架构与政治运作能够统整。外部社会动荡，内部缺乏接班安排，双重裂缝注定了这样一个大帝国无法长期维持。这个帝国统治的基础是每个人都固定在土地上，致力农工，但现实里却不断制造离开土地远徙流离的刑徒。这个帝国高度中央集权，只有皇帝一个人掌握实际的权力，但同时却未曾规划下一个皇帝如何接下这庞大权力，以及如何操控这份权力。

皇帝高于法，是法的来源，于是帝国中所有其他人、其他事务，都可以建立一套律令来规范，只有皇帝例外。没有任何法可以规定皇帝，让皇帝遵行，这也就必然意味着前一个皇帝死时，至高的权力位子就顿时失去了任何规范，那是彻底的失序。秦始皇去世后，围绕着二世皇帝就出现了最荒唐的闹剧，这不只是二世的性格、能力等偶然因素造成的，还有秦帝国根本的结构性矛盾带来的必然性。

秦帝国在始皇帝死后迅速瓦解，在瓦解的过程中产生了另外一个新帝国的可能性。历史上，我们习惯秦汉并称，而秦、汉两朝除了时间上相续外，还有更多密切的关系。秦是个划时代的政治创造，彻底改变了周代封建的种种原则，代之以帝国的新原则、新设计。但这新的帝国起步很不稳，从一开始就因为法家的精神、秦始皇的个人弱点而有了严重的内外矛盾，导致秦帝国只存在了十五年就倾覆了。从秦灭亡经过的一段混乱时期，再到汉朝建立，一直到汉武帝即位，这一长段时间实际上都是过渡。

过渡期中，一方面秦帝国建构的新社会组织在这段时间里慢慢往下沉淀，围绕着二十等爵制与邻里制度，形成了稳定的“编户齐民”作为新帝国的基础；另一方面，新帝国的上层以黄老的无为为准则，争取了时间对秦帝国进行检讨，摸索、试验如何调整出一个更可行的帝国方案。

一点又一点，花了百余年的时间，才终于在秦帝国的废墟上升起了一个新的、可长久维系的汉帝国形态。

第 十 讲

误打误撞的汉朝创建

01

我们对秦汉之际的了解只有一个资料来源

对于秦末大乱到汉代建国的这段历史，我们知道的很多，却也知道得很少。

知道得很多，是因为太史公司马迁的《史记》能提供很多材料。《史记》中最精彩的两章《项羽本纪》和《高祖本纪》记录的是这段历史，除此之外，还有《陈涉世家》《萧相国世家》《曹相国世家》《留侯世家》记录的也是这段历史。还没完，从第八十九卷到第九十五卷，《张耳陈余列传》《魏豹彭越列传》《黥布列传》《淮阴侯列传》《韩信卢绾列传》《樊郦滕灌列传》记的也都是这段历史。

知道得很少，则是因为除了《史记》之外，我们也就没有什么其他史料可以用来丰富这段历史了。《汉书》中对于汉代建立的经过，基本上都是抄《史记》的，而且因为着眼于汉朝的历史，带着汉朝本位立场，《汉书》的相关记录没有《史记》完整，更没有《史记》公平、全面。

也就是说，两千年来大家研究这段历史主要依赖《史记》，虽然后世对于这些人、这些事的评价、看法有众多讨论（光是项羽和刘邦之比较，从汉代一直到今天，就留下了汗牛充栋的资料），但在基本事实上，没有什么改变。这段历史很难重新认识，没有什么依据可以让我们绕开《史记》，看到不一样的历史。

因而在这一章中，不会提供给大家什么新史实或新观点，我所能做的，和过去讲这段历史的人一样，就是将分散在《史记》不同篇章中的内容做个统合整理，整出一个有条理，可以从概念上予以掌握，具备历史意义的叙述。

可以稍有新意的，反而是对于《史记》这本书的看法。《史记》作为中国传统经典，其重要地位当然不需再强调，要提醒的只是，以前章揭示的秦始皇心态为背景，我们应当明了《史记》与太史公心态的关键意义。

秦始皇“重今贱古”，在他那种空前的时间意识里，历史不只没用，而且还有害。所以他讨厌儒生，而且恨不得将记录历史的书通通烧掉，至少是要严格管制，不让一般人接触历史。汉代承袭了秦始皇建立的这套极端的“贱古”制度，从高祖到他身边的功臣们，大概除了张良之外，又都缺乏深厚的教养，根本无从判断、处理这个问题。

在“无为”的观念下，“古今之辨”和许多政治、社会、文明议题一样，在汉初都被搁置了，一直到汉武帝之时，才累积了足够的基础能够真正面对。太史公在武帝朝完成了《史记》，彰显了一个极其明确的态度，那就是要重建历史的地位，突出历史的尊严。

历史在太史公手中重建了不可或缺的必要性。人当然需要历史，而且需要全幅的历史来提供最有效的参考与鉴照。《史记》是第一部通史，从最古远的时代一直记录到当代，显示了太史公宽广的历史意识，也以这种方式超越了“法先王”或“法后王”的既有争议。

对太史公来说，“法先王”或“法后王”的选择没有意义。历史是一体的，或说必须将历史视为一体，才能得到最重要的历史智慧——“通古今之变”。而将“先王”“后王”分别开来，在概念上将“先”“后”切割开来看待，要如何“通古今之变”？

在建立通史的过程中，太史公集纳了大批史料，经过消化、比对，将这些史料的内容确切地保留在《史记》中。这些史料很大一部分后来都不见了，再也找不回来了，还好有《史记》，才让我们今天还有机会理解古老的历史。

在战国到秦代的意识混乱之后，太史公重建了周代对于历史的看法，突显、示范了历史知识的关键独特地位。我们经常习惯说：中国是个重视历史的民族，中国文化最大的特色之一就是带有强烈的历史意识，不过这样的特色绝对不是命定的，更不是天下掉下来的。曾经有那么一段时间，周人创造的历史意识被秦始皇的“贱古”价值观给推翻了，要靠像太史公这样的个人坚持与努力，才越过这段历史知识的黑暗期，重新建立起中国文化和历史之间的深远联结。

02

陈胜、吴广起事

依照《史记》记载，秦末的变乱始自陈胜、吴广的起事。那是秦始皇刚去世没多久的二世元年，公元前 209 年，陈胜、吴广带领九百人到北方边境戍守防卫匈奴入侵。那是很长的一段路途。途中遇大雨，延迟了行程，眼看可能会赶不上规定的到达日期。依照“轻罪重罚”的秦法精神，晚到跟没到都同样面临最重的惩罚——死刑，于是陈胜就和吴广商量，要不干脆逃走算了。

在做决定前，他们去找了一位卜者询问，卜者告诉他们：“如果能得到‘神鬼之助’，你们要做的事就有可能成功。”我们不知道卜者所说“神鬼之助”的本意是什么，但陈胜理解的不是去烧香拜神祈求神明保佑，而是以种种手段，让人家相信有“神鬼”在帮助他们。

他们拿了一块布，在上面用红墨水写下“陈胜当王”，再将有字的布塞进市场上卖的鱼肚子里。人家将鱼买回家，剖开来一看，当然吓了一跳，就将“陈胜当王”的“神启”传出去了。

吴广还在夜里跑到墓地、祠庙里，装出暧昧模糊的动物叫声，声中隐约听得出来好像在叫着“大楚兴、陈胜王”，让周围的人感到听见了灵异声音，也就既害怕又好奇地谈论这预言般的“天意”。

所以他们并不是真正到了一个地方，估算赶不到了，临时决定起事的，而是先做了一些安排。安排好了，他们就动手杀了带队看守的人，然后召集其他九百个人，表明众人眼前的就是传言中的那个陈胜，既然横竖是一死，大家愿不愿意索性就叛变呢？乖乖地继续走，到了戍守地一定会被杀，跟随着陈胜叛变，说不定还真会依照“神启”让陈胜当了王。稍做衡量，大家就做了决定。

他们从起事的“大泽”往西走，立即就到了原本的陈国所在地，于是陈胜便在此自立为“陈王”。在“大泽”共同起事的有九百人，走到今天河南淮阳的“陈”地时，他们的部队已经快速成长到几万人了。扩张得那么快，说明他们的宣传策略成功了。在原先的装神弄鬼之外，陈胜、吴广进一步又创造了关于两人身份扑朔迷离的传言，绘声绘色说陈胜、吴广是化名，事实上这两人一个是秦始皇的太子扶苏，另一个是楚国大将项燕。扶苏在秦宫廷斗争中无辜地被赵高杀了，项燕则是楚人所崇拜的偶像，即使在信息不容易流通的时代，他们也都是家喻户晓的大名人，关于两人都有许多传言，说他们没死，下落不明。陈胜、吴广对这份暧昧不明善加利用，依靠扶苏、项燕的传奇吸引了许多人加入。

造成他们势力快速成长不可或缺的因素，当然就是秦末社会纽带的松动，众多的游离人口是现成的起义预备军。汉高祖刘邦原来是亭长，一个基层的小官，他为什么也投入了反抗的行列？因为他要负责带领沛地的刑徒前往骊山，路途遥远，变数难测，刘邦的无赖个性发作了，就干脆和刑徒们喝了酒，大家解散各自奔逃。

汉代建立的功臣中有英布，更常见的名字是黥布，为什么他有两个名字？因为他脸上有刺青，那可不是他自己找人刺的，而是犯了法被"黥"上去的。他被发配到骊山，从刑徒行列中脱逃，逃回家乡，因为不可能有正常生计，就成了大盗匪，后来才带着他的匪帮人马投入反抗阵营里。

这些例子都清楚地展现秦的致命伤——创造了刑徒满街的动乱社会。这些人被"轻罪重罚"的秦律从原来的社会、生产组织中硬生生地拉出来，不只是离开了既有的乡里体系，也离开了商鞅以降建立起来的连坐结构，这种人当然很容易成为亡命之徒，亡命是他们作为刑徒受虐赴死之外唯一的选择。

陈胜、吴广"揭竿而起"之后，反秦势力立即大盛，就是因为有那么多准亡命之徒早已流荡在路上了。

03

项梁、项羽叔侄

陈胜自立为“陈王”，表示他是列国诸王中的一个，意图回到原来战国时代的模式，而他所建之国叫作“张楚”。“张楚”就是复兴楚国、光大楚国的意思。选择叫“张楚”，也是宣传策略中经过考虑的一环。他们所在之处，是原先楚国之境，秦并吞六国，楚最后才灭亡，到此时不过十几年，楚人仍然留有强烈的楚国记忆与认同。还有，楚国向来有着自身高度异质的文化，和中原不一样，也就更受不了秦始皇那种一概取消差异、高压统一的做法，楚人对于秦的怨恨不平相对最深。

楚地私语流传，带有预言性质的流言说“楚虽三户，亡秦必楚”，充分显示了楚人对于秦、对于统一帝国的强烈不满情绪。陈胜所立的“张楚”，触动了楚人的这条敏锐神经，所以能够有效获得广泛支持。

有了以复兴楚国、光大楚国为目的的“张楚”，很自然地也就刺激了其他六国故地遗民，他们纷纷起而效法，号召恢复旧国。刑徒遍地，每个地方都有准亡命之徒随时可以投入起义，现在又有了号召起义的明确理由与口号，这时势就很快地延烧了，秦朝廷还来不及反应，已经遍地出现六国遗民，扬起旗帜，带领一帮主要由刑徒构成的反抗武力。

陈胜、吴广并非真六国之后，所以需要创造鬼影幢幢的扶苏、项燕神话来抬高自己的地位。一旦他们的起义造起了声势和规模，真正具备旧贵族身份的六国之后很快就崛起攫夺了反抗的领导身份。

如果以六国来分，反秦最大的势力在楚。真正的楚贵族世家有项梁，他是项燕最小的儿子。项羽则是项燕的孙子，是项梁的侄子。项羽基本上是跟在叔叔项梁身边长大，他从小就让这叔叔很头痛。

叔叔教他读书、写字，项羽没耐心学，而且还不听取教训，骂他不用功，他会口气很大地顶回来：“读书有什么用呢？会写字顶多不过就是人家问你什么名字你能写得出来罢了！”不爱读书，那去学剑吧，学一学，他又没耐心继续坚持了，叔叔骂他，这回他顶回来的理由变成：“使剑使得再好，不过就对付一个敌人，我想要学能够一个人对付万人的本事！”什么本事可以一个人对付万人？那就只有兵法了。叔叔教他兵法，项羽乐了，但即便喜欢兵法，他也还是没耐心仔细学，只学了个皮毛就觉得够了。

从《史记》上的这些描述，我们可以很形象地了解项羽这个人。无论智力或体能，他都有极高的天赋，但也因为天赋超绝，所以他就不会认真努力去追求更好。他充满了自信，睥睨一切，年少时连叔叔的话都听不进去，长大了也就更难听得进其他人的意见了。

展现项羽自信与野心的，《史记》中还有另一段精彩的记录。项梁在家乡杀了人犯了法，依照秦法被通缉，他就带着项羽逃到吴。吴在东南边，是秦始皇兴筑的一条驰道的终点。驰道修好了，始皇帝的车驾堂皇炫耀地到会稽巡行，项梁叔侄二人挤在路边看了，项羽竟然忍不住叫出声来："彼可取而代也！"我可以取代他啊！可以想见听到他这样叫嚷，当时在身边的叔叔该有多紧张啊！

04

刘邦也见过秦始皇

刘邦也见过秦始皇的车驾。那是在咸阳，刘邦被征发到首都做工，也在路边目睹秦始皇的车队从眼前经过，当时刘邦的反应是感叹："大丈夫当如是也！"唉，就是要这样才像个男人啊！

项羽、刘邦两人都有野心，但表达野心的方式却大不相同。项羽说"彼可取而代也"时，才20岁出头，刘邦说"大丈夫当如是也"时，他已经40岁了。这两个人其实不是同代人，刘邦要比项羽高一辈，不过在一件事上他们却有共同的记忆，那就是他们心中都深切地记得秦始皇统一六国之前，那个诸国并列的时代。

秦始皇早逝，统一六国后十一年就去世了。到他去世时，还没来得及让天下人习惯新的帝国状态，尤其是习惯天下只有一个皇帝，而且只能由这个人来当皇帝的状态。

从刘邦到项羽，他们这些人都存留有战国记忆，记得原本有诸国，而诸国的状态是被秦始皇改变的。有皇帝是件新鲜事，不是理所当然；只会有、只能有一个皇帝，和他们明明记得的诸国并立的事实不相符。

皇帝的权威还不足以借由长期成为事实而取得天经地义的真理性，打消别人“可取而代也”或可以另立皇帝君王的念头，因而陈胜、吴广之后，许多人就依照其记忆重新立起诸国。楚地先乱，然后延烧到齐、赵、魏，到处都有六国之后冒出来。

楚人要恢复楚国，齐人要恢复齐国，突然之间最为流行的一种集体心态，是将时间和社会状态推回秦帝国之前。另外当然也有一种心态在发酵，那就是青年项羽想的“彼可取而代也”，让时间从帝国建立的事实往前走，秦始皇能建立帝国当皇帝，那别人为什么不可以？当然可以有新的皇帝来取代不称职的秦二世。

乱局快速形成，不过在失序中存在着两种解决的方案，一是回到帝国之前的状态，重建六国，二是推翻现有的皇帝，换人当皇帝。

05

刘邦的身世

因为对楚的认同，项羽带着项梁先是呼应了号称“张楚”的陈胜。有一个叫召平的小混混，趁乱假冒为陈胜的使者，跑去找项梁，以陈胜的名义封项梁为“上柱国”，项梁很高兴，也很骄傲。召平可以这样骗过项梁，显然是陈胜的宣传策略成功，竟然连项燕的儿子都接受他的权威，也就可以想见当时楚地的气氛。

项梁和项羽带着八千子弟兵渡过长江，到了安徽，在那里遇到了陈婴、黥布，然后到了下邳，也就是今天江苏省的邳州，他们的兵力扩充到六七万人了，沿途形成席卷之势。那一段时间，各地都发生起事，各方军队一边移动一边扩张，很难精确掌握其变化。

不过以当时的局势来看，应该谁也想不到后来和项羽对决的竟然会是刘邦吧？写刘邦，是太史公了不起的成就，身处汉代要写汉朝的建立者，必然受到当政者的注意、监管，他竟然还能在《史记》里留下了那么多“不方便”的事实，让我们千古之下都还能看到一个真实的人在一个真实的时代情境中的种种遭遇。

《史记·高祖本纪》开头便告诉我们，刘邦的父亲是“太公”，妈妈叫“刘媪”。“太公”就是“太爷”的意思，“刘媪”呢？就是“刘老太太”。光是这两个名字就让我们知道了刘邦的出身，他当然不可能有什么多了不起的出身。即使当了皇帝，他爸爸、妈妈从头到尾都还是只叫“刘老太爷”“刘老太太”，他们在乡野里，没有名字，有名字也没人记得，八成连他们的儿子都不知道他们叫什么，所以只能用“太公”和“刘媪”代称。

《史记》接下来叙述“刘媪”在大泽陂上梦见神明，有蛟龙浮在她的肚子上，不久有孕，生下刘邦。你信吗？太史公没有要我们相信，他必须将汉建国的神话写在这里，但他的态度明显是“如果你要信我也没办法”。当时知道刘邦的人，都知道他的出身多么卑微，如果你选择相信他是因为蛟龙受胎所以才能当上皇帝，那你就信吧。

如果对应地读《史记·陈涉世家》，那么对于《史记·高祖本纪》下面这段记录我们也会有不同的看法。这段故事先从吕公，也就是刘邦的丈人写起，说吕公和沛令熟识，吕公在家乡出了事，为了避仇就到沛令家里作客。沛地人士听说沛令家有贵客来了，都去参加宴席祝贺。

宴席门口有一个沛地的小吏，算术最清楚，人头又最熟络，负责收礼金和排位子，礼金送得越多的，得到越好的位子，这个人就是萧何。刘邦那时候做亭长，跟大家交情都很好，明明口袋里没有钱，却假装送了万钱的大礼，得以坐到前面去。吕公会看相也爱看相，一看刘邦的相貌，就请他上坐。这时明知刘邦根本没给礼金，事实上连到堂上来的资格都没有的萧何忍不住了，告诉吕公："这家伙就只会吹牛，成不了什么事。"刘邦也不在意萧何泄他底，一样跟大家嘻嘻哈哈，厚着脸皮坐到上座去。

酒喝到一定程度，吕公使眼色，叫刘邦宴后留下来。刘邦知意，让其他客人都先走了，于是吕公就说："我见过这么多人，没有任何一个人的相貌像你这么好的。"于是要将女儿嫁给他。这时，一旁吕公的夫人反对了，"你老是说女儿一定要嫁给贵人，沛令想要娶她，你都不答应，为什么自作主张许给刘邦？"但吕公以丈夫的权威否决了夫人的意见："这种事情不是你们女人小孩懂的！"坚持收了刘邦当女婿。

这故事固然彰显了吕公的智慧，早早就看出刘邦的贵气，但从另一面却也进一步透露了当时在一般人眼里，刘邦其实是怎样一个无赖。

06

刘邦的事迹

刘邦亭长的职务之一是将刑徒押送到骊山去，以他那种做事不牢靠的方式，一路押送，刑徒就一路逃走了。刘邦自己算算，等到达骊山，刑徒大概都跑光了吧！索性就在夜里将剩下的人召集过来，说："你们走吧，我也要去逃亡了！"刑徒中有十几个人选择要逃干脆就跟刘邦一起逃。

逃亡路上，刘邦还是爱喝酒，晚上要经过荒僻的地方，派一个人先去探路，探路的人回来说："可怕啊！路被一尾大蛇挡住了，不能走了，得回头。"这时刘邦已经喝醉了，借酒壮胆，就豪气地说："怕什么怕！"于是往前走，拔出剑就杀了路上的蛇。蛇被斩成两截，刘邦一行人就通过了，走了几里路，酒劲发作，刘邦就醉倒睡在路边。

走在前面的人在路上遇到一个哭泣的老太太，问老太太怎么会夜里一个人在外面哭？老太太回答："有人杀了我儿子，所以哭。"又问："你儿子怎么会被杀呢？"老太太说："我儿子是白帝之子，化成了一条蛇，挡在路上，结果被赤帝之子给杀了，所以哭。"

这是什么鬼话啊？跟老太太说话的人正要叫老太太别胡说八道，突然老太太就消失不见了。走在后面的人赶上来，刘邦也酒醒了，就将遇到老太太的事告诉刘邦，刘邦听了就偷偷高兴，神色越来越自信，跟随他的人也就越来越敬畏他。

陈胜、吴广起义之前，刘邦就已经在逃亡了。《史记》接着说，刘邦听说秦始皇之所以经常往东南出巡，是有"望气者"警告说"东南有天子气"，秦始皇担心，所以要亲自来找那威胁他的"天子气"。刘邦怀疑那"天子气"或许就是从自己身上发出来的，怕被秦始皇找到，于是常常在山上躲藏。但他躲来躲去，却连妻子都躲不过，妻子要找他总是找得到。刘邦问妻子这怎么回事，妻子回答："你所在之处的上空有云气，我们循着云气去找通常就能找到。"这时刘邦倒没那么怕云气泄露自己的行踪，而是为之沾沾自喜，然后"沛中子弟或闻之，多欲附者矣"。

这是一连串的相关神话，到太史公写书时，已经固定下来成为汉高祖非凡人、领有天命的官方说法。太史公不能不照着写，但他很显然将这神话写得带点闹剧意味了，尤其是和《陈涉世家》中描述陈胜、吴广如何在鱼肚子里塞布，半夜装神弄鬼叫相比对，我们就更难将刘邦的这些传奇敬畏地当作神话来看吧？我们看到的是这位沛中无赖如何运用了类似的手法得以在乡野中崛起。

陈胜称王之后，楚地骚乱，许多秦的地方官被杀。沛令害怕沛地的人也会为了响应陈胜而杀他，考虑干脆自己出面投降加入陈胜，这时萧何、曹参建议他："以你的身份没有号召力，不如把流亡在外已经有实力的人找回来，有个几百人的流亡兵力，用他们的力量挟持众人，大家不敢不听。"因此才叫刘邦回来。不过，萧、曹说"几百人"，《史记》却明确说刘邦当时的势力"数十百人"，其实只有不到百人，萧、曹故意帮他灌了水。

于是刘邦带着樊哙回来，然而沛令却又后悔了，关了城门不让他们进来，还要杀萧何和曹参。萧、曹看情势不妙，立马偷跑出城去和刘邦会合，刘邦就煽动沛人杀了沛令打开城门。进了城，大家推刘邦当沛令，刘邦还不答应，要他们找更适合的人。哪有什么更适合的人？别人都怕死，不愿出头，于是就劝刘邦说："我们平常就听说你有很多非凡的事迹，而且也去卜筮问神，神都说应该是你。"这样刘邦才担任沛令，挂起红色旗子。为什么是红色旗子？因为杀蛇的传说中说他是"赤帝之子"，这件事一定要让人知道。

和陈胜、吴广一样，刘邦也是靠装神弄鬼起家的。太史公没有把他当神来写，而是细腻、巧妙地写出了他"人"的一面，尤其鲜活地表现了他那份无赖本事。刘邦生平许多不堪的事迹都被保留在《史记》里。

在楚汉相争中，刘邦这边遭过几场严重的败仗。一次败仗后逃命，刘邦嫌车跑得不够快，竟然就将在车上的两个儿子推下去来减轻重量，还好旁边的夏侯婴冒险把小孩捡起来，不然可能就活不了了。后来，刘邦的父亲被项羽抓走了，项羽以烹杀太公威胁刘邦投降，刘邦竟然大刺刺地说：“你我曾经在怀王面前相约为兄弟，既然是兄弟，我爸爸就是你爸爸，你要杀了你爸爸煮成羹，别忘了也分我一碗。”真是无赖啊！

07

反秦军队的胜利

陈胜、吴广起义后，激发了许多响应者，一时间无从建立明确的组织，大家半自主地卷入这股大势力中。由于各地分别起义，因而更难防范、阻挡。到秦二世二年的正月，也就是陈胜、吴广揭竿而起不到半年，反秦军队已经打到了“戏”，即今天的陕西临潼，离咸阳已经非常近了。

兵临城下，二世皇帝才知道有各地反叛这回事，之前赵高一直瞒着他。这里我们又看到秦帝国建制上的致命缺点。有郡县、驰道，权力高度集中，皇帝一个人高高在上，甚至凌驾于法令之上，然而皇帝无从保证能够及时得到帝国中的确切消息。地方与中央没有良好的联结，内廷与外廷也没有良好的联结，这些都是秦帝国遗留给汉帝国的大问题。秦只存在了十五年，汉却能延续四百年，其中一个关键原因就是汉代找到了方法，一步步扣上这些环节，解决了这些问题。

二世皇帝召了群臣商议紧急状况的处理办法，这时章邯提了一个紧急应变措施，就是大赦本来在兴建骊山陵的几十万刑徒，让他们即刻转成守卫军队，不只恢复平民身份，还可以凭借军功往上发展。章邯的提议被接受了，很可能就是在此时，骊山陵的修筑项目停摆了，留下我们今天看到的未完工的四号坑遗址。

章邯这项提议很有效。众多的人马，正式的装备，加上有经验的将领，组成有战斗力的军队。和这样的军队相比，陈胜、吴广他们就成了乌合之众，先是吴广死于荥阳，接着陈胜也在下城父被杀。

反秦军受重挫时，范增向项梁献策，要收拾局面，不要让反秦军彻底溃散，最好的方法是利用旧楚王的号召力。楚怀王为秦人所害，楚国又是最后才为秦所灭，楚人最恨秦，要对这一历史因素善加利用，方可力挽狂澜。于是项梁找来了流落在民间放羊的楚王子孙，直接将他尊为楚怀王。

于是反秦军又有了中心，大家齐集到新的楚怀王这边来，实际的指挥权当然就落在项梁手中。项梁有了不一样的策略，他带着军队往东边走，打算先和齐地的反秦势力会合，这样才更有把握对付章邯的大军。不料项梁带兵到定陶时，齐地的反秦势力却正陷入严重内讧。田荣答应带兵到定陶和项梁会合，但田假却趁田荣不在自立为王，田荣获知消息，一怒就转头攻打田假。于是在苦候齐兵不到的情况下，项梁兵败定陶，还送了命。

定陶之役对反秦军造成了三重打击——计划中的齐楚联军没有了，楚军折损了指挥大将项梁，定陶这个商业贸易大城、生产集散中心回到了秦的控制下。项梁在这种情况下战死，使得项羽心中留下了深刻的怨怼，他一直记得叔叔是被齐人害死的，尤其田荣要负很大的责任。后来在分封诸王时，项羽公报私仇，刻意将齐地分成三块，不给田荣齐王之位，田荣因而叛变，成了项羽统治上的致命伤。

打下定陶后，章邯立即领军北上，攻击赵地的反秦军，包围了巨鹿。赵反秦军的领袖张耳和陈余于是向楚军求救。怀王召集了会议，会上范增强烈主张必须救赵。如果赵再被章邯击败，没有了齐又没有了赵，楚军就要单独面对章邯大军，那太可怕了。相对地，如果出兵救赵，和赵军城内城外互相应和，有机会重挫章邯大军。

依照范增的建议，怀王派了宋义做大将，带领包括项羽在内的军队前往救赵。到了巨鹿外围，宋义却有他自己的盘算，按兵不动。他算计的是要让秦军和赵军在巨鹿围城中再耗一段时间，如此两军兵力都削弱了，对楚军最有利。然而性格冲动的项羽受不了如此拖延，再三催促宋义，宋义不理会，于是项羽便直接闯进宋义帐中，一刀将宋义杀了，将统帅权抢过来。

巨鹿之战留下了一个成语“破釜沉舟”，那是项羽制订的大胆策略。出兵时，战士们吃了饭，他下令将煮饭的锅打破；渡了河，将乘载的船凿沉了，以示绝无退路，打不赢就无处逃，也无法整军休息。于是楚军气势大盛，击败了在规模上大有优势的秦军。

这样的胜利不只有实质作用，更起到了在心理上打击秦军的作用，还收获长远宣传上的效果，确实是关键性的一役。交战前，除项羽自己带领的一支楚军之外，其他军队都不愿积极参与，等到楚军大败秦军，项羽将其他军队的将军们叫来，他们吓得只好“膝行而前”，跪着走过来，而且头低低的不敢正视项羽。如此，项羽赢得了反秦军实际领袖的地位。

章邯在巨鹿大败，便心生警惕，派了司马欣回咸阳报告，实质是探问领导中心的反应。司马欣在咸阳等了三天，甚至连进宫的机会都没有。司马欣越等越不安，便调头出城，一出城，后面便有人追，于是他仓皇逃回军中，告诉章邯情势不妙，章邯干脆就在巨鹿城外投降反秦军了。

这下子项羽不只有了领袖地位，还多加了章邯这支败军，有足够条件可以发动直指秦政治中心的西征，但未曾想在这里埋藏了难以解决的隐患，反而成了项羽的最大阻碍。项羽带领的大军走到新安，原先的楚军起了骚动，不愿意走了。原来他们考虑到越往西走，不只离家乡越远，而且也越接近降军的地盘，万一降军得了地利翻脸倒戈怎么办？

没有耐心更没有智慧处理这种纷争的项羽，为了能加快西征，索性就下令将章邯带领的二十万降军一并坑杀了，只留下章邯和少数几个部将。

从历史上看，这件事还彰显了一个重要的现象，那就是新旧观念的冲突。我们越看越清楚，项羽本事很大，但他有两个致命伤，除了莽撞的个性之外，还有他心中的旧观念。虽然比刘邦年轻，但他的贵族身世使得他一直活在战国后期的时代价值中，他的做法都是从战国后期的风气里传承下来的，例如在这里大举坑杀降军，这就是诸国相争最激烈时的习惯，不只要打败敌军，还要有效毁灭敌国的有生战力。

项羽不了解新的帝国，严重缺乏大一统的帝国想象。他带着高度的楚本位立场，念兹在兹的只是要推翻秦，恢复秦统一之前的列国局面，无法理解时代已经改变了，秦所建立的帝国模式已经取消不了，倒退不回去了。在这一点上，比较年长的刘邦反而站在时代的前沿，能够接受新局势与新观念，和项羽形成对比。

08

刘邦的优势

联合反秦军西征的过程中，刘邦的地位、成就远远不及当时不可一世的项羽，然而这段时间，他吸收了几个重要的人到身边，其中一个是郦食其。郦食其去见刘邦，进去时刘邦高坐在床上，让两个女子帮他洗脚。郦食其打了个招呼，直接训斥刘邦："有聚合正义之师诛灭无道的秦这种野心的话，恐怕不该如此无礼地会见长者吧？"刘邦一听就不洗脚了，起身整装，请郦食其上座，并正式道歉。

郦食其给了刘邦重要的建议——拿下陈留，还分析了陈留的重要性。刘邦接纳了，而且同时也就将郦食其留了下来，作为身边的谋士。

郦食其是个什么样的人？他其实延续了战国时代纵横家的传

统，有学问、有谋略，对于时局变化有现实感，更重要的是能言善道，懂得如何说服人。刘邦自知出身低下，虽然因此讨厌儒生，但另一方面却懂得如何善用这些纵横家的意见。相形之下，这种人也没办法跟高傲的项羽相处，给项羽什么帮助。

刘邦最大的长处就在于敢于尝试各种新鲜的策略与做法。仔细看看《史记》中对于韩信的描述，我们会很惊讶地发现，韩信根本不是后来戏文中装扮出的那样一个武将。韩信真正的本事，不在武勇战略，而在善于应变。《史记》中记录韩信和漂母的故事，重点之一就在他对漂母说的话。那时韩信是个乞丐，接受了漂母的一饭之恩，要不然恐怕就要饿死了。一般接受施舍的乞丐是什么态度，会如何表示感谢？韩信的方式是说："将来我发达了，变得很了不起时，一定不会忘记报答你。"沦落到当乞丐了，他都要说大话！

韩信是如何进到刘邦的阵营里的呢？依照《史记》的说法，他在军中因连坐法受刑，前面行刑了十三个，韩信是第十四个，面对负责行刑的夏侯婴，韩信倨傲地说："你们汉王不是想取天下吗？那怎么可以杀像我这样的壮士呢？"和面对漂母时一样，死到临头了，韩信也还是要说大话！

后来韩信又出走，而有了"萧何月下追韩信"这个千古流传的故事。韩信回来了，刘邦特别给了他高位，举行了一个盛大的典礼封他为大将。升任大将之时，其实韩信并没有什么实际的功绩，也没有多少真正带兵打仗的经验。读《史记》对于这场典礼的描述，我们不得不怀疑，刘邦他们与其说是看重韩信的能力，不如说是想借此激励士气。

那很明显是一场刻意安排的大戏。一个谁都不认识的小部将，竟然得到刘邦破格任用，给予最尊崇的地位。典礼最关键的场面，是韩信和刘邦的对话，这应该是事先安排好的吧？刘邦问："将军何以教我？"韩信以一连串的问句回应："你比项羽勇敢吗？比项羽强悍吗？还是比项羽怀柔，比项羽坚毅？"没有，在这些方面刘邦都自认比不上项羽。韩信接着说："我也认为在这些地方你都不如他。项羽发怒时，千人在他面前都会被震慑得不敢动，然而项羽只信任他自己，无法信任别人，因而他的勇，只是匹夫之勇。项羽对人很有礼貌，有人病了他会表现得很难过并且表示同情，但他是个吝啬的人，部下有成就时，他连给人家一枚印信都舍不得。决定要给出一枚印信，他会将那枚印拿在手里反复摸啊摸，摸到角都磨圆了。因而项羽对待别人的好，只是'妇人之仁'。"

韩信继续说："项羽虽然称霸天下，使得诸侯臣服于他，但他并不聪明。项羽第一笨，笨在舍弃关中不居，跑回彭城去；第二笨，他对待诸侯不公平，放任私心、恩怨干预他的决定；第三笨，他没有依照原来说好的和大家一起共推怀王，反而将怀王杀了。你本来就是和项羽相反的人，就应该要有和项羽相反的做法。第一，你该将天下武勇的人都找来，慷慨地委任他们为你卖命打仗，这样就没有打不倒的敌人；第二，打下来的城，就交给功臣，这样就没有人会反抗你；第三，你要让大家怀念怀王，以正义为你的信条，使大家相信跟着你可以得到安置与照顾。"

这段话如果是韩信在封大将之前对刘邦说的，那么我们可以相信刘邦是因此心动而给予韩信大位的，但依据太史公的描述，这段话却是在封将之后韩信才说的。这样的前后顺序，不太对吧？在没有其他证据之前，我不会认为太史公犯了错，那也就意味着他用这种方式揭露了整件事更复杂的安排。

显然这是悉心设计的宣传场面。之所以找了小部将韩信，夸张地将他抬举为大将，重点不在韩信的能力，而在这场典礼能产生的作用。谁不会对一下被抬得那么高的韩信大感好奇呢？谁不会想知道韩信到底是什么样的人，又有什么样的本事呢？这激起了阵营中每个人的高度好奇心，大家全神贯注在韩信身上，让韩信讲出那一番话来。

话中不只点出了刘邦的长处，而且重用韩信刚好就戏剧性地证明了刘邦既信任他人又慷慨，具备项羽没有的特质。韩信的一番话给予军队信心，相信跟着刘邦，为刘邦卖命是正确的选择，相反，投靠吝啬的项羽还真是不智。一个大将的位子，一场典礼，能换来这么有效的宣传，太划算了啊！

尽管后世都将韩信视为武将，然而看史料，他的本事其实比较接近张良或郦食其，能言善道，有着各种谋略想法的纵横家。当刘邦从荥阳溃退时，他做了什么样的事？他一路到韩信的帐前，假装是汉王的使者，闯进去，直接将韩信的印信给收了，韩信一觉醒来，发现自己已经失去了军队的指挥权。如果韩信真是个了不起的军事人才，新败之余，刘邦应该正要仰赖韩信的能力帮他重整旗鼓吧？为什么去收了韩信的兵权？显然他没有那么信任韩信，担心韩信在关键时刻现实地选择投靠项羽，而且觉得论带兵，自己比韩信厉害。

和项羽相争时，刘邦的优势在于聚集了一群流着纵横家策略血液的人。这些人替他分析策略，而且这些人了解人的心理，能够为他掌控军队的情绪。在某种意义上，刘邦靠着这样的心理战，才能够克服种种劣势，后来居上，战胜项羽。这点，项羽完全不是刘邦的对手，刘邦旁边有那么多人一直在教他如何想、如何说、如何做，同时帮他揣测敌人的想法与动静。

09

鸿门宴!

回到现实的战局，看看发生了什么事，才能解释韩信封将时所说那段话中牵涉的几个重点。

巨鹿之战另有一层重大意义。当宋义和项羽带领主力前往援助赵军时，另外一股较小的部队，由刘邦带领，先行向西。当时的想法是，刘邦带的是偏军，负责牵制秦军，等巨鹿解围之后，大军和赵军会合，一并向西，最终大家在关中会合。西征入关中打咸阳，是最艰难的任务，为了提振士气与增加动力，怀王就宣布谁先进到关中，谁就可以当关中王。

秦军在巨鹿被项羽打败，章邯又带军投降，于是刘邦一路西行，没有遇上什么阻碍。刘邦又得到张良的建议，不走函谷关，绕过函谷关的守军，于是偏军走得很顺利，比原先预定的既早又轻松地进入了关中。还有更幸运的事情在等着刘邦，进到关中，咸阳内的秦朝廷已经因内斗瓦解，秦二世和赵高都死了，一团混乱中，秦根本无从形成任何抵抗，子婴披白衣出来主动投降了。

面对这样的变化，刘邦身边的纵横策士教他：不杀子婴，和秦地父老约法三章来安抚关中百姓。

初进咸阳城，无赖出身的刘邦当然被咸阳的堂皇富丽给眩惑了，想要好好享受一番。但是屠户出身的樊哙代表身边的人劝刘邦：这些堂皇富丽就是造成秦快速灭亡的主要原因，你确定你还要留在这里吗？这样的警告由樊哙提出，格外有说服力。照理说，粗野不文的樊哙应该最容易被这样的荣华享受诱惑，连樊哙都能在私人享乐之外意识到不安，要当领袖的刘邦不能比不上樊哙吧？

这样的意识不是樊哙个人的，应该是刘邦身边的策士们所拟定的基本心理原则。不能和项羽比武力，那么刘邦阵营要赢，就只能赢在争取民心上。刘邦懂了，他就带领军队退出咸阳，驻扎在霸上。

依照原先的约定，既然刘邦最先进入关中，他就应该是关中王，关中就是他的地盘了。所以刘邦就派了军队去守住进出关中的门户——函谷关。不料接着来到函谷关前的是项羽带领的大军。项羽被阻在函谷关外，大怒，直接下令冲关，刘邦的守军怎么抵挡得住。项羽强行入关后，第一个念头就是找刘邦算账。

这时项羽阵中有项伯，曾受张良大恩，于是赶紧偷偷去传讯给张良："你们惨了，项羽要带兵打你们了！"张良看事情非同小可，赶紧安排让项伯见了刘邦，紧急处理此事。刘邦立即和身边策士们快速商量出基本策略，那就是：抵死不认有意守住函谷关。

刘邦请项伯去告诉项羽，军队守着函谷关，只是为了防盗贼，维持好关中的秩序，等待项羽来到，绝对没有任何与项羽和大军敌对的恶意。项羽听了半信半疑，而他身边的范增则全然不信，认定刘邦有野心，主张项羽果断处理。

项羽的妇人之仁起作用了，他给了刘邦一个谢罪的机会，那就是鸿门宴。刘邦带了包括张良、樊哙几个人前来赴会，说得情真意切，请项羽不要误会。于是项羽心软了，下不了趁机拿下刘邦、杀了刘邦的决心。范增不断暗示他，项羽就是没发出事先说好的杀刘邦的信号。范增一看不能再等了，就去找项庄来，假装舞剑为大家助兴，实际上伺机要对刘邦下手。

范增的用意，立刻被张良看穿了，于是也示意项伯起身，拔剑和项庄对舞，借此掩护防卫，使得项庄无法伤害刘邦。此时得知宴会上情况危急的樊哙从外面冲了进来，大声责骂项羽这边的人心怀不轨。被樊哙的直率气势感动了的项羽没有指责他，反而赐他酒肉。樊哙用盾牌为垫，用手上的刀切了肉就吃，又大口喝酒，豪爽得很。

趁场面被樊哙搞乱之际，刘邦赶紧假意上厕所，一离场张良就叫他快走。刘邦还犹豫了一下，可以没有告别就走吗？后来想想真的太危急了，只得不告而别，如此惊险地逃过了这场鸿门宴。

10

楚汉之争

项羽正式进入咸阳城，而他的做法和之前的刘邦形成了强烈对比。他杀子婴、烧咸阳城，摆明了没有要留在咸阳的意思。他忘记了自己几年前许下的豪语——“彼可取而代也”，他没有取代秦始皇在咸阳当皇帝，却选择退回了彭城，将自己封为西楚霸王。大家原本以为项羽应该会留在咸阳，没想到他却要回到家乡接受父老的赞许，功成名就后一定要回彭城去。

这样的做法显然是倒退的，退回了秦始皇统一之前。自封西楚霸王是因为已经有了楚怀王，不能再叫楚王；另外为了突显他和其他诸王不是真正平等的，项羽就从“春秋五霸”的历史中借来一个“霸”字加在上面。

项羽原本奉楚怀王为“义帝”，以楚怀王的名义分封诸国，但实权掌握在项羽手中而不在“义帝”手中。项羽的分封方式带着强烈的个人主观色彩，不理会原本的约定是将关中封给刘邦，而是封给了三个秦的降将；不理会齐国的现实状态，故意贬抑被他视为害死项梁的罪魁祸首田荣，将齐分成三块，一块给了赵的丞相张耳。

应该做“关中王”的刘邦成了汉王。刘邦得到的地盘远在今天的四川北部，称汉王是故意和流经关中的“汉水”扯上关系，混淆视听，好像还真给了他关中的一处，实际上是把他派到崇山峻岭后面的四川去了。

这样的做法必定引来许多不满与批评。有人不满，就挑动了项羽另一个心结——名义上，“义帝”在他之上，可以推翻项羽的分封。项羽越想越不甘，索性就派人刺杀了“义帝”。他讨厌、忌惮“义帝”，本来要将“义帝”从彭城移到北边去，予以疏远，突然心情一变，就不顾一切转而决定刺杀“义帝”。如此一来，给了本来就心存不满的人起事反抗项羽的正当理由。

《史记》对于项羽这一连串作为的记录，清楚地揭示了他最严重的缺陷——缺乏全面的考虑与规划，冲动地想到什么就做什么，不考虑也看不见事情之间的复杂关系，无视一件事会有连锁反应与副作用。

于是齐田荣首先发难，没有多久，刘邦就加入了这波反项羽的行列。刘邦身边有太多聪明的人，他们给刘邦的规划，远远高于项羽的水平。张良看穿了项羽封刘邦为汉王的用意，就教刘邦入蜀时一边走一边将走过的栈道烧毁，表示不会再带兵出山了，让项羽放心，不必警戒刘邦的势力。项羽将注意力都放在处理齐国问题时，刘邦却“暗渡陈仓”，走了另外一条隐蔽的路，北上突袭关中，立即靠自己的实力拿下了关中。

同时刘邦身边的策士积极扫除项羽身边唯一够厉害的对手——范增。陈平上场演了一场好戏。项羽的使者到来，陈平出面招待，准备了好酒好菜，极度热络地询问相国如何如何，相国可有什么指示？说着说着，装出突然才意识到来的是项羽的使者，而不是相国范增派来的。于是态度大变，明显地由热络变成冷淡。使者当然将陈平先热后冷的古怪反应回报了项羽，项羽就上了当，认为范增和刘邦方面私下有勾搭，怀疑并疏远了范增，范增一怒离开了项羽，不久便背疽发作而死。除掉了范增，项羽阵营在谋略上就更是不及刘邦阵营了。

非将范增除去不可，与其说是为了报鸿门宴之仇，不如说是刘邦阵营太明白范增的作用。范增可以补足项羽缺乏全面考虑的严重缺点，事实上，“鸿门宴”时范增力主必须杀刘邦，也不是出于对刘邦的私怨，刘邦阵营的人比谁都明白，若论对于项羽的威胁，范增所见所衡量的再正确不过，刘邦确是有野心又有能力威胁到项羽的第一人。

这种反间手法也是战国时期纵横家的当家本领。刘邦阵营里的心理战人才比项羽那边高太多了。项羽的心理强度不足以应付这样的局面，这点几乎就决定了后来楚汉相争的胜负。

项羽在策略上的失败，使得各方势力联合起来反对他，最终落得四面楚歌的包围态势，兵败垓下。项羽死了，西楚霸王的时代流星般地结束了。这个时候，应该没有任何人有把握这秦末乱局究竟该如何收场。牵涉在其中的许多人和项羽一样，仍然以为情况会恢复到秦始皇统一之前，各国分立的局面会卷土重来。在这点上，刘邦和身边的策士有了不一样的观念和做法，刘邦没有忘掉“大丈夫当如是”的感慨，他没有放弃继承秦始皇的霸业，当统一帝国皇帝的想法，于是得以开创出汉朝的历史新篇章。